Carl Arnold Edwin Jessen

Über die Eddalieder

Band III

Carl Arnold Edwin Jessen

Über die Eddalieder

Band III

ISBN/EAN: 9783743376441

Hergestellt in Europa, USA, Kanada, Australien, Japan

Cover: Foto ©Thomas Meinert / pixelio.de

Manufactured and distributed by brebook publishing software (www.brebook.com)

Carl Arnold Edwin Jessen

Über die Eddalieder

HALLE
VERLAG DER BUCHHANDLUNG DES
1871

ÜBER DIE EDDALIEDER.

HEIMAT, ALTER, CHARAKTER.

In Scandinavien und Dänemark streitet man sich seit einer reihe von jahren über das speciellere anrecht an die sogenannte „Edda-poesie."[1] Am wenigsten haben sich die schwedischen gelehrten an diesem zwiste beteiligt, der um so hitziger zwischen Dänen und Norwegern entbrant ist. Norwegische altertumsforscher wollen diese poesie als eine speciel norwegische angesehen wissen. Ihrer meinung nach wären, wenngleich die nachbarvölker ähnliche lieder gleicher form gehabt hätten, doch die Eddalieder, und zwar in der auf uns gekommenen gestalt, samt und sonders norwegische producte, von den Isländern bewahrt und niedergeschrieben. Dieser an und für sich keinesweges extravaganten, im gegenteil auf den ersten blick sehr plausibeln ansicht wollen die Dänen (denen sich im ganzen genommen die Schweden, obschon mit geringerem eifer, anzuschliessen geneigt sind) durchaus nicht beipflichten. „Der bewährte patriotismus der dänischen gelehrten" sträubt sich gegen etwas so „antiscandinavisches," so „unnationales." Meine landsleute wollen die isländische litteratur so weit möglich in dem einen oder dem andern sinne zu etwas „gemeinsam-nordischen"[2] machen, ein bestreben, das sich vor allem auf die Eddalieder richten muss. Die gemässigteren unter den dänischen patrioten haben sich damit begnügt, den norwegischen theorien diesen umfänglicheren begriff „Gesamt-Nordisch" (auch „Scandinavisch," in solchem sinne genommen, dass es Dänisch in sich begreift) entgegenzuhalten, ohne den Norwegern einen anteil am entstehen der Eddalieder geradehin abzusprechen, obschon man wol ersieht, dass ihnen der vermeintliche dänische anteil mit besonderm übergewicht am herzen liegt. Der sich fortwährend steigernde „nationale" eifer der dänischen altertumsforscher hat sich jedoch nicht auf die länge mit so bescheidener unbestimtheit vertragen können. Mit dem lebhaftesten beifall hat man eine lehre aufgenommen, wonach den Norwegern, und auch wenigstens den eigentlichen Schweden (denen im alten *Svea-*

---

1) Vgl. das bezügliche in den artikeln von Maurer und Möbius im ersten bande dieser zeitschrift.
2) „*Fællesnordisk*."

rike), aller anteil am entstehen der Eddalieder abzusprechen wäre, indem dieselben, und zwar wesentlich in der noch vorliegenden gestalt (grösstenteils sogar „wort für wort" unverändert) einem „litterarischen goldenen zeitalter des älteren und mittleren eisenalters [1] in Südscandinavien (Dänemark und wol auch das alte Göta-rike)" entstammen sollten, wogegen den Norwegern ein späteres silbernes zeitalter einzuräumen wäre, in welchem andere von den auf Island niedergeschriebenen gedichten entstanden, so wie ferner die mythischen erzählungen in der prosaischen Edda als norwegische (oder gar zum teil isländische) verzerrte allegorisierende umbildungen von mythen, als volksmärchen des mittelalters, anzusehen wären.[2] Gegen meine landsleute habe ich mich (in ein paar dänisch geschriebenen aufsätzen) insofern an die Norweger geschlossen, als ich, ohne überall jede möglichkeit dänischer oder schwedischer herkunft durchaus zu läugnen, die eddalieder doch im ganzen genommen für specielleres eigentum des norwegischen („norrönen") volksstammes ansehen muss, jedoch mit der bedeutenden modification, dass ich die mehrzahl der lieder für isländische bearbeitungen älterer dichtung halte, und nur bei einigen liedern an wesentlich unveränderte überlieferung buchstäblich gesprochen norwegischer producte glauben möchte. Die gedichte also kann ich nicht „gesamtnordische," noch viel weniger „südscandinavische" oder dänische nennen; wogegen es sich von selbst versteht, dass niemand die verbreitung über den ganzen norden sowohl der mythologie als der heldensage, die das thema der Eddalieder abgaben, läugnen könte; was mich indessen nicht davon abhalten kann, mich auch in dieser beziehung der benennung „gesamt-nordisch" zu widersetzen, und statt dessen die benennung „gesamt-germanisch"[3] festzuhalten, indem ja die mythologie der deutschen völker erweislich wesentlich ganz dieselbe war wie die norwegische, und die sage von den Welsungen und den Nibelungen nicht nur bekantlich bei den Deutschen wo möglich noch verbreiteter war als im norden, sondern, meiner ansicht nach, sogar erweislich bei den Deutschen entstand, und im norden nur als fremdes gut eingeführt wurde, so dass bei dieser sage der ausdruck „gesamtgermanisch" dem norden sogar noch zu viel lässt. Es mag andere sagen gegeben haben, die über den ganzen norden verbrei-

---

1) Über die ausdrücke: „stein-, bronce-, erstes, zweites, drittes eisenalter" der dänischen gelehrten vgl. des herrn verfassers erläuternde bemerkung am ende dieser abhandlung. Red.
2) Vgl. rücksichtlich dieser ultradänischen lehre: Möbius in dieser zeitschr. I, 430 f.
3) „Gesamt-deutsch" würden die nachfolger J. Grimms sagen. Mir, als einem Dänen, fällt es nicht natürlich, die benennung „deutsch" auf den norden zu erstrecken.

tet, den Deutschen aber fremd waren. Ich weiss nicht eben, ob es jetzt noch möglich ist, irgend eine heidnische sage als eine solcher weise entschieden gesamtnordische zu bezeichnen, indem es uns ja zu sehr an näherer kentnis des sagenbestandes heidnischer zeiten in Schweden und in Norddeutschland gebricht. Mit den sogenanten Eddaliedern aber berührt sich die frage eigentlich gar nicht, indem dieselben, ausser der mythologie, diejenige heldensage behandeln, welche man sogar vielmehr eine deutsche [1] als eine „gesamtgermanische" zu benennen hat.[2]

Ich wünsche meine ideen über diese gegenstände in einer verbreitetern (wenngleich mir leider viel weniger geläufigen) sprache als der dänischen, und somit einem grössern und unparteiischern leserkreise als dem dänischen, vorzulegen. Nur mit dem wunsche nach feststellung der wahrheit schreiben, bleibt innerhalb der dänischen litteratur gewöhnlich eine mehrfach undankbare arbeit, grossenteils sogar eine unmöglichkeit.[3]

Es sind also zwei hauptansichten, die ich als die meinigen verteidige: 1) dass die heldensage der Eddalieder eine deutsche sei, 2) dass die Eddalieder „norröne" (norwegische und isländische) lieder seien; welche beiden ansichten von einander so ziemlich unabhängig sind. Besonders über die erstere liesse sich ein dickes buch schreiben. Ich wünsche aber eben besonders bei dieser so kurz und gedrängt wie nur immer möglich zu sein, also nur hauptmomente hervorzuheben, was mich nötigt, kentnis der sage bei dem leser vorauszusetzen.[4]

I.
DIE SAGE DEUTSCH.

Als einleitung zu diesem abschnitt (jedoch auch mit bezug auf den folgenden) scheint es zweckmässig, einige kurze bemerkungen vorauszuschicken, betreffend die norröne heroische sagenlitteratur überhaupt.

1) „Deutsch" also in dem sinne gebraucht, dass es Dänisch, Schwedisch und Norwegisch ausschliesst.

2) Nur die drei Helgenlieder enthalten (obschon durch spätere willkürliche umdichtung verschobene) bestandteile allem anschein nach ursprünglich nordischer heldensage.

3) So begegnete es mir bei dem Kopenhagener historischen verein, der, dänischen zuständen und dem Kopenhagener cliquenwesen gemäss, unter der leitung eines politikers und nicht-historikers steht, dass ich mich in diesem streite in der zeitschrift dieses vereins des wortes beraubt fand, während man fortfuhr, der den Dänen schmeichelnden ansicht den raum im vollsten masse offen zu halten.

4) Die beste übersicht der einen hauptform der sage findet man in der kurzen erzählung der Snorra-Edda (deutsch z. b. bei Simrock); die andere hauptform ken-

Es wanderten schon im altertum die producte des dichterischen geistes von einem volke zum andern. Damals, wie jetzt, wurde man des alten und bekannten satt, und war hungrig, neues zu geniessen. Dass auch schon damals die bewohner des nordens eher den Deutschen etwas entliehen, als umgekehrt, ist der natur der sache gemäss. Wir haben indessen einen beleg, dass wenigstens ein deutsches volk, nämlich die Engländer, nordische sagen nicht verschmähte, darin, dass das angelsächsische gedicht Beowulf nur nordische sagen behandelt. Die Angeln und Sachsen werden in demselben auch nicht einmal genant, wogegen es sich um drei nordische völker, jedes unter seinem könige, handelt: 1) um das der Dänen unter den Schiltungen (Scyldingas), als Halbdan, Roar, Helge, Rolf (Healfdene, Hróðgár, Hálga, Hróðulf), welches sich, mit derselben ausdehnung wie in spätern zeiten, bis an die Friesen erstreckt, und schon damals, als diese sage mit der aus Saxos und der Isländer überlieferung genugsam bekannten namenreihe nach England gelangte, nur ein reich, und nicht mehrere kleinere, ausmachte; 2) um das der Gauten (Geátas = der schwedischen form Götar), zu welchem der held des gedichtes, Beowulf, gehört; 3) um das der Schweden (Sweón = Svear in specieller bedeutung), unter dessen königen wir die namen Ottar und Adils (Ohthere, Eadgils) widererkennen. Die sage ist aus Dänemark oder aus Gautland nach England gebracht, und zwar zu einer zeit, als sie noch nicht die gestalt erreicht hatte, die wir bei Saxo und in der Rolfs-saga vorfinden. Andererseits ist diese sage aber von englischen christlichen dichtern, wol zu widerholten malen, so umgebildet worden, dass sie dennoch eine unursprünglichere gestalt trägt als in der nordischen überlieferung. Es ist auf den ersten blick sehr auffallend, dass wir in der äusserlich betrachtet reichen angelsächsischen poetischen litteratur auch keine einzige behandlung specifisch englischer heldensage, hingegen ein grosses gedicht über fremde sagen finden. Es lässt sich aber dies aus politischen verhältnissen erklären. Die streitigkeiten der untergegangenen kleinen angelsächsischen reiche waren nicht mehr ein passendes thema für den sänger, der am hofe des herschers über ganz England sein unterkommen zu suchen hatte. Die einheimischen angelsächsischen heldenlieder musten in vergessenheit geraten.

Im norden muste ein ähnliches schicksal die einheimische norwegische heldensage treffen. Dass diese eine reiche gewesen ist,

nen deutsche leser aus dem Nibelungenliede. Deutsche hilfsmittel (W. Grimm, Raszmann usw.) wäre es kaum nötig zu nennen. — Von den unzähligen abhandlungen möchte ich etwa diejenigen von Müllenhoff (Haupts zeitschr. bd. 10 und 12) hervorheben, an die ich mich näher als an irgend andere mir bekannte schliessen kann.

brauchen wir nicht im geringsten zu bezweifeln. Aber nur ziemlich weniges hat sich gerettet: in der Halfs-saga, in verschiedenen bestandteilen der Fridthjofs-saga, der Örvarodds-saga, sowol als mehrerer anderer von den in den beiden letzten teilen der „Fornaldarsögur" enthaltenen märchen und romanen; ferner in der Helga kviða Hjörvarðssonar,[1] und wol auch in dem zur heroischen sage gehörenden ramen des Grimnismáls. Auch die Ynglinga-saga (was man nun auch immer von der authentie des zu grunde liegenden gedichtes halten mag) ist zunächst nur als eine norwegische familientradition aufzufassen, und keinesweges als ein excerpt schwedischer königssage, obschon es immerhin möglich ist, dass diese familientradition wirklich einzelne aus dem vielleicht nicht nur vorgeblichen stamlande mitgebrachte sagenelemente möchte festgehalten haben. Ob die älteren bestandteile der ersten hälfte der Hervararsaga hieher gehören, ist disputabel, indem der kampf auf Samsö (der insel im Kattegat) auch von Saxo (und in einer „Kæmpevise") erzählt wird. Samsö und Läsö spielen auch anderwärts in der phantasie norröner dichter, was sich aus der vertrautheit norwegischer schiffer mit diesem fahrwasser leicht genug erklärt, so dass in der nennung dieser insel kein beweis dänischen ursprunges liegt. An schwedischen ursprung möchte ich durchaus nicht glauben, indem, abgesehen von möglicherweise ächt schwedischen elementen[2] in der familientradition des norwegischen Yngling-geschlechtes (wohin diese sage schwerlich gehören könte), kaum irgend eine uralte sage oder irgend ein lied aus Schweden in die norröne litteratur eingedrungen ist. Da sowol bei Saxo als in der Hervararsaga der kampf Hjalmars und Angantys auf Samsö mit der doch offenbar norwegischen sage von Örvarodd verwoben ist, möchten wir hier nicht ohne wahrscheinlichkeit an eine entlehnung des ganzen aus Norwegen nach Dänemark denken. Die liederreste in der ersten hälfte der Hervararsaga könten jedenfalls in keiner unverändert dänischen (oder

1) Helge ist ein Norweger (siehe eins der prosastückchen: *Hjörvarði konungi i Noregi;* und str. 31: *hvat kanntu segja nýrra spjalla or Noregi);* vielleicht speciel aus Rogaland (cfr. str. 43 *Rogheims á rit?).* Dass die prosastückchen kriege in den „südlanden," speciel im „Schwabenlande" erwähnen, widerspricht dem nicht, aber beweist, dass wir eine späte gestaltung der sage vor uns haben, aus der zeit, wo man es liebte den schauplatz ins enorme zu erweitern, wie das in der Hervararsaga und andern *Fornaldarsögur* geschieht.

2) Zu diesen möchte gehören die sage von Gefjon, wie sie „Seeland" aus dem Mälar herauspflügt. Dies Seeland ist nämlich offenbar das schwedische Seeland (= Roslagen), die meeresküste nördlich des Mälars. In Norwegen oder Island hat man die sage später aus misverständnis und unwissenheit auf das dänische Seeland übergeführt, so in der strophe (gleich anfangs in der Snorra-Edda), die man dem vorgeblichen „Brage Skald dem Alten" zuschrieb.

schwedischen) redaction vorliegen, wie das aus folgender stelle hervorgeht:

betr *þykkjumsk ek*	Besseres meine ich,
buðlungr hafa	König, erlangt zu haben,
enn þó Noregi	als wenn ich erreichte
neðak öllum	ganz Norwegen

was natürlich nur ein norwegischer (oder isländischer) dichter, nach vereinigung Norwegens zu einem reiche, in das gedicht hineinbringen konte.

Einiges haben also die Isländer doch von der altnorwegischen heldensage bewahrt. Das können aber nur fragmente sein von dem ganzen grossen vorrate. Als in der letzten hälfte des 9. jahrhunderts die vielen kleinen norwegischen reiche durch eroberung zu einem grossen norwegischen reiche wurden, büssten sofort die einheimischen heldenlieder grösstenteils ihre lebensfähigkeit ein. Die in den nächsten jahrhunderten mehrmals eintretende verbindung Norwegens mit Dänemark und das politische interesse der norwegischen könige, als sprösslinge auch des „Ragnar-Lodbrokischen geschlechtes" zu gelten, führte dänische königssagen bei den Norwegern ein. So finden wir die sage von Roar, Helge und Rolf Krake, ferner die von Harald Hildetann, endlich die von Ragnar Lodbrok, in isländischen sagas behandelt, und zwar in einer gestalt, die sich zu der von Saxo überlieferten solchermassen verhält, dass einerseits an eine entlehnung [1] direct aus Dänemark erst zur zeit der isländischen sagaproduction nicht zu denken ist, andrerseits eine entlehnung „im ältern oder mittlern eisenalter" vollends undenkbar ist, indem sowol die Isländer als Saxo die gesamte dänische sagengeschichte mit sachsenkriegen, englandszügen und nordhumbrischen eroberungen durchwoben sein lassen, ein beweis, dass die dänische sagengeschichte auf dem wege durch die eigentliche sogenante Wikingszeit (ungefähr 850 bis 1030 [2]) eine gänzliche umgestaltung durchlebte, und erst in dieser jüngsten gestalt nach Norwegen (und Island) gelangte, wogegen die dänischen königssagen im Beowulf früher nach England gelangten, nämlich vor dieser umgestaltung, früher also, als die grossen kriege mit den Deutschen und die grossen züge nach England und eroberungen daselbst auf die gestaltung der dänischen sagengeschichte einwirkten. Norröne dichter erlaubten sich an der eingeführten dänischen sage willkürlich erdachte änderungen und zutaten, namentlich in bezug auf die Ragnar-

---

1) Des ganzen. — Eins und das andere mag natürlich sogar spät im mittelalter direct importiert sein.

2) Die eroberungen in England fiengen erst um 870 an. — Saxo lässt schon seinen ersten Frode den Rhein hinauf segeln!

Lodbroksche genealogie, also zu einer zeit, wo solche änderungen und zutaten noch praktisches interesse haben konten. So machten sie eine der frauen Ragnars zur tochter Sigurds des drachentöters, und Ragnar selbst zum sohne jenes schwedischen königs (Ring, oder, wie er in norröner umtaufung heisst, Sigurd Ring), dem der dänenkönig Harald Hildetann in der sagenhaften Braavalla-schlacht erlag. — Auch die sage von den goldmalenden riesenweibern Fenja und Menja erscheint in der norrönen litteratur in einer gestalt, die sie nur in Dänemark erreicht haben kann, nämlich mit der speciel dänischen königsreihe verwoben.[1] Da diese sage bei dem norrönen stamme nur als eine fremde auftritt, sich aber bei den Deutschen [2] widerfindet, haben wir sie also jedenfalls nicht als eine ursprünglich „gesamtnordische" aufzufassen, sondern am ehesten als eine deutsche, in Dänemark eingeführte, und daselbst mit einheimischen dänischen sagen verwobene (was natürlich nicht verbietet, das „Grotten-lied" für eine norröne production über ein zunächst dänisches thema zu halten).

Die norröne heroische sagenlitteratur enthält also ungefähr eben so viele aus Dänemark importierte sagen, als einheimische norröne. Weder die einen noch die andern liegen uns in den „Eddaliedern" (liedern der sogenanten „Sämunds-Edda") vor, nur allein die sage von Helge Hjörvards sohn [3] abgerechnet. Keiner der beiden codices dieser lieder (Codex Regius 2365. 4; Codex Arnemagnaeanus 748. 4) enthält sonst etwas direct hieher göriges. Das „Grottenlied" ist anderswo (in einer handschrift der Snorra-Edda) aufbewahrt; es ist in dem einen der beiden metra der Eddalieder abgefasst, entfernt sich aber sonst nicht unbedeutend von der manier der in der „Sämunds-Edda" aufbewahrten heroischen lieder. Es unterliegt indessen keinem zweifel, dass alle jene sagen ursprünglich in liedern derselben formen wie die Eddalieder überliefert worden sind, was wir denn auch schon daraus ersehen, dass mehrere dieser sagas bruchstücke von liedern solcher form liefern, vor allen die erste hälfte der Hervarar-saga, so wie auch hie und da alliteration durch die prosa hervorsticht, wie im heldenverzeichnis zur Braavallaschlacht, woselbst ein wirklich in Dänemark verfasstes lied zu grunde liegt, da nämlich Saxo [4] bei dem entsprechenden verzeichnis in seiner geschichte ganz dasselbe lied benutzt, ein lied aus späterer zeit als die colonisation Islands, indem es in beiden heeren Isländer („Thylenses") aufführt, und diese offenbar schon im liede da waren, ehe dasselbe zum norrönen stamme hinüber wanderte,

1) Vgl. Grottasöngr str. 19. 21.
2) Vgl. J. Grimms Mythologie: *fanegolt, manegolt*.
3) und die wenigen hieher gehörenden strophen des *Grímnismáls*.
4) Zu anfang des 8. buchs. Vgl. *Fornaldarsögur* bd. 1. s. 379 f.

obschon der isländische sagaverfasser die vier Isländer im schwedischen
heere [1] gänzlich verschweigt, ohne allen zweifel um Isländer nicht gegen
einander kämpfen zu lassen, während er den Isländer in Haralds heer
(Blend oder Bloeng), so wie auch den Jomswiking (Toke) stehen lässt,
aber ohne bezeichnung des heimortes, ein deutlicher fingerzeig,
dass ihm in diesen beiden fällen der im liede genannte heimort anstoss
erregte, indem er gewohnt war, sich die Braavalla-schlacht vor der
entdeckung Islands und vor der gründung der Jomsburger republik zu
denken.

Der norröne stamm hat also einerseits, zufolge der politischen verhältnisse, von dem schluss des 9. jahrhunderts an, seine eigne alte
heroische liederpoesie in verfall und gröstenteils in vergessenheit geraten
lassen, ohne eine neue zu producieren, andrerseits, und zwar ebenfalls
offenbar zufolge politischer verhältnisse, und frühestens vom 10. jahrhundert an, dänische königssagen aufgenommen und festgehalten, zum
teil willkürlich bearbeitet, nicht aber incorporiert, nicht zu norwegischen
königssagen umgeschmolzen,[2] im gegenteil fortwährend als nur fremdes
gut betrachtet. Die bezüglichen lieder haben die Isländer beinahe samt
und sonders zu grunde gehen lassen, die eingeführten dänischen noch
mehr als die einheimischen norrönen.

Dennoch haben uns die Isländer eine samlung heroischer lieder
schriftlich überliefert, nämlich in der „Sämunds Edda." Diese lieder,
die von den Welsungen und Nibelungen, behandeln einen sagenkreis,
dem die Isländer ausdrücklich grösseres interesse als allen andern
heroischen sagen, norrönen oder dänischen, zugestehen, den aber weder
die Isländer noch der Däne Saxo jemals als einen norrönen noch als
einen dänischen wollen betrachtet wissen, sondern als einen deutschen,
weshalb Saxo auch nicht das mindeste über die helden dieser beiden
geschlechter in seine sagengeschichte aufnimt. Die heutigen nordischen
gelehrten dagegen wollen diesen sagenkreis teils für einen „norrönen,"
teils für einen „südscandinavischen," teils für einen „gesamtnordischen"[3]

1) *Mar rufus e Mithfirthi; Grombar annosus; Gram Brundelueus; Grim ex oppido Skierum.*
2) jedoch mit einer ausnahme (*Guðröðr*), wovon später.
3) Für die verbreitung dieser sage auch in Schweden haben wir zwei ziemlich alte zeugnisse in den bildern zweier runensteine aus christlicher zeit (*Ramsund-Berg* und *Gök-Sten*). Die bilder beider steine stellen die tötung des drachens und des schmiedes Regin dar. Säve hat eine abhandlung hierüber geschrieben. [Jetzt eben auch in deutscher übersetzung erschienen: Zur Nibelungensage. Siegfriedbilder, beschrieben und erklärt von prof. Carl Saeve. Aus dem Schwedischen übersetzt und mit nachträgen versehen von J. Mestorf. Mit 4 tafeln abbildungen. Hamb. Meiss-ner 1870].

erklären. Betrachten wir also in möglichster kürze den stand dieser fragen.

Die eine form dieser sagen, die isländische oder sogenante „nordische," liegt in den Eddaliedern vor, wobei wir nicht bestimt wissen, wie viel von den kleinen prosaausfüllungen direct von verlorenen strophen und liedern herstamt. Die erzählung in der „jüngern Edda" (Snorra-Edda) ist ein kurzes excerpt aus den liedern. Die Wölsunga-Saga ist eine in die breite sich dehnende, nicht eben talentvoll geschriebene erzählung auf grundlage der lieder (mit benutzung einiger jetzt verlorener).

Bei den Deutschen liegt die sage in fast unzähligen quellen vor, von etwa dem 9. jahrhundert an bis auf den heutigen tag, jedoch so, dass die ältesten quellen, so das Hildebrandslied (niedergeschrieben im 9. jahrhundert, oder im 8.?), und angelsächsische gedichte, (niedergeschrieben etwa im 9. bis 10. jahrhundert), nur bruchstücke der sage, oder gar nur andeutungen, liefern. Weiter zurück in der zeit reichen das burgundische gesetz (aus dem 6. jahrhundert), welches die Nibelungen-namen als burgundische fürstennamen aufführt, und der geschichtschreiber Jornandes (6. jahrhundert), welcher jedoch nicht die Nibelungensage selbst erwähnt, sondern nur die anderwärts mit derselben in verbindung gebrachte von Ermenrich und der Schwanhild. Die hauptquellen sind aber erst das Nibelungenlied und die Dietrichs-Saga, welche letztere isländisch, wol im 13. jahrhundert, nach deutschen gedichten und sagen abgefasst wurde. Die armut an älteren norddeutschen quellen ist bei der untersuchung des gegenseitigen verhältnisses der beiden hauptformen der sage sehr empfindlich. Die so eben erwähnte Dietrichssaga hat norddeutsche quellen benutzt, und beruft sich in der tat ausdrücklich auf solche; es werden aber, wenigstens für die eigentliche Nibelungensage, solche norddeutsche gewesen sein, die unmittelbar dem hochdeutschen Nibelungenlied entstamten.[1] Ähnlich steht es um die „Kæmpeviser" über Sivard Snarensvend, Didrik af Bern usw.

Nur die isländische form der sage, d. h. die in den Eddas und der Wölsungasaga vorliegende form, ist von nordischen gelehrten als eine „nordische," eine nicht aus Deutschland her entliehene sage in schutz genommen worden. Ähnliche rettung der Dietrichssaga und der Kæmpeviser[2] ist nicht einmal in frage gekommen, indem sich dieselben eben an die gewöhnliche deutsche, und nicht an die isländische form der sage

---

1) Vgl. die abhandlung von Döring im zweiten bande dieser zeitschr.
2) Nur drei ausgenommen, von denen später.

anschliessen, ihren stoff also jedenfalls aus Deutschland entliehen haben. Die mehrzahl der deutschen forscher ist übrigens geneigt, auch die isländische form als eine aus Deutschland, jedoch weit früher eingeführte zu betrachten.

Die isländische sagenform nent einen könig Wölsung, sohn des Rere, sohn des Sige. Wölsung ist vater des Sigmund, der besonders durch die untaten berühmt wird, die er zusammen mit Sinfjötle, zugleich seinem sohn und schwestersohn, ausübt. Der sohn Sigmunds, Sigurd, wird nach dem tode des vaters und in fremdem lande (Dänemark?) geboren. Dieser Sigurd nun tötet jenen drachen, bemächtigt sich des drachenschatzes, besucht die Brynhild, schwester des königs Atle, komt danach zu den Gjukungen (Gunnar, Högne, Guttorm,[1] welche in ein par liedern Niflungar genant werden); hier vergisst er die Brynhild, und heiratet die schwester der Gjukunge, welche bei den Isländern Gudrun heisst, während ihre mutter den namen Grimhild führt. Ferner verhilft er seinem schwager Gunnar zur heirat mit der Brynhild, aber durch eine list, welche diese dadurch rächt, dass sie die Gjukunge zur ermordung Sigurds antreibt, was auch von dem jüngsten der brüder, Guttorm, bewerkstelligt wird, nach einigen liedern, als Sigurd im bette schläft, nach andern, während er auf eine jagd ausgeritten ist; worauf Brynhild sich selbst tötet. Gudrun wird mit dem könig Atle verheiratet. Dieser lockt die Gjukunge zu sich, und vernichtet sie. Gudrun tötet zur rache seine beiden söhne (von welchen der eine Erp heisst[2]), und hernach ihn selbst, und dies letztere zwar (dem Atlamál zufolge) mit beihilfe eines sohnes des Högne. Zum dritten mal verheiratet sie sich, mit dem könig Jonakr. Ihre und Sigurds tochter, Swanhild, wird die gemahlin des gotenkönigs Jörmunrek, welcher in einem anfall von eifersucht die Swanhild von pferden zertreten lässt. Nun treibt Gudrun ihre und des Jonakr beiden söhne, Hamde und Sörle, und den sohn Jonakrs aus früherer ehe, Erp, zur rache wegen dieser untat an; auf dem wege wird Erp von seinen stiefbrüdern erschlagen, welche selbst im angriffe auf Jörmunrek umkommen, nachdem sie diesem hände und füsse abgehauen haben.

In der nicht-isländischen sagenform heisst Sigurd: Siegfried,[3] und Gudrun: Grimhild, Krimhilt; wogegen ihre mutter unter andern namen vorkömt. Hagen (= Högne) ist nur in einigen der hieher gehörigen

1) Guttorm wird im Hyndlalied stiefsohn des Gjuke genant.
2) Wie in der Dietrichssaga.
3) Jedoch nicht in der Dietrichssaga und den Kæmpeviser. Weil Siegfried ein im norden ungebräuchlicher name ist, setzt auch die Dietrichssaga statt dessen gewöhnlich den norrönen namen Sigurd, und die Kæmpeviser die entsprechende dänische form Siward.

quellen bruder Gunthers (= Gunnar), ist aber überall ein genosse der
Nibelunge.[1] Brynhild ist nicht mehr schwester des Atle, Etzel.

In den ereignissen gibt es folgende hauptabweichungen: Der anfang,
von den vorfahren Sigmunds, ist in vergessenheit geraten (wogegen ein
angelsächsisches gedicht noch die übeltaten Sigmunds und Fitelas erwähnt).
Nicht Godomar (= Guttorm), sondern Hagen erschlägt den Sigfrid, als
dieser im walde vom pferde gestiegen von einer quelle trinkt (aber nach
Hans Sachsens darstellung, als er im walde schläft). Nicht Etzel, sondern Grimhild (= Gudrun) strebt den Nibelungen nach dem leben, indem
sie, gegen den willen Etzels, ihren ersten gatten rächen will. Dies
gelingt, zunächst durch die hilfe Dietrichs von Bern, der (von Sibich,
oder von Otacher, oder von Ermenrich, je nach den verschiedenen berich-
ten) vertrieben, sich an Etzels hofe aufhält. Nach dem kampfe gerät
Dietrich in zorn über die grausamkeit der Grimhild, und haut sie mitten durch. Ein sohn Hagens übt rache an dem ziemlich unschuldigen
Etzel. Die dritte heirat „Gudruns" fehlt also in dieser sagenform, so
dass Gudrun mit dem tode Ermenrichs (= Jörmunrek) nichts zu tun
hat, und nicht mutter der gebrüder Hamadeo und Sarulo ist; die tragische geschichte dieser brüder und ihrer schwester ist den deutschen
stämmen bekant gewesen (schon Jornandes erwähnt ja diese sage), wird
aber selten berührt, und ohne solche nähere verbindung mit der eigentlichen Nibelungensage. Viele der Edda gänzlich unbekante geschich-
ten, besonders von Dietrich und Ermenrich, werden dagegen angeknüpft,
(z. b. die von der tötung der Harlunge durch ihren oheim Ermenrich).

Man ist darüber einverstanden, dass die isländische gestaltung der
sage in ereignissen und in verwantschaftsverhältnissen der personen
gewöhnlich das ursprünglichere besitzt, so wenn nach derselben Guttorm
den Sigurd erschlägt, Brynhild sich selbst tötet, Atle die Gjukunge vernichtet, dass also in solchen fällen die sage bei den Deutschen verhältnismässig jüngere umbildungen erlitten hat. Doch ist man darüber wol
allgemein einig, dass wenigstens Gudruns dritte heirat, also die nähere
verbindung mit der Schwanhildensage, im norden erfunden ist.

Eins von dreien nun muss man sich denken: 1) entweder ist die
sage im norden entstanden, und von da zu den deutschen völkern
gelangt; 2) oder umgekehrt bei den Deutschen entstanden, und bei den
nordischen völkern in altertümlicherer gestalt eingeführt, als sie sich in
Deutschland bewahrt hat; 3) oder keins von beiden, sondern so unge-
heuer alt, dass sie, in allen gemeinschaftlichen zügen, schon bei dem
gemeinschaftlichen germanischen urvolke, ehe sich dieses in die deut-

---

1) Vgl. Grimms heldensage no. 96.

schen und nordischen völker zerteilte, ausgebildet war. Die unter nr. 1 aufgestellte alternative wird wol kaum von irgend jemand offen verteidigt, und mag im folgenden aus dem spiele bleiben. Die zweite ist die vorherschende ansicht deutscher forscher, und die dritte die der nordischen, insofern übrigens diese letzteren es wagen, ihre „nordische" lehre bestimter zu formulieren. Es fragt sich also zunächst: lässt sich irgend etwas anführen, was die eine der beiden letztern ansichten (nr. 2 und nr. 3) verbietet, und somit die andere bestätigt?

Wenn beide gestaltungen der sage entweder den norden oder Deutschland zum schauplatz der begebenheiten machen, dann ist die sage keine gemeinsame urgermanische. Ehe es deutsche und nordische völker gab, konte die sage auf kein einzelnes deutsches oder nordisches volk übertragen werden. Das urgermanische volk konte die sage nicht in den noch unbekanten wohnorten künftiger völkerzweige localisieren.

Nun ist in beiden gestaltungen der sage Sigfrid (Sigurd) deutscher fürst; das Rheinland („die fernen felsen des Rheins"[1]) schauplatz der hauptereignisse vor Sigfrids tode, und Etzels (Atles) land nach demselben. Es ist also durchaus unmöglich, dass die sage eine in solcher gestalt urgermanische sein könte;[2] es ist ganz undenkbar, dass sie nicht eine deutsche sein sollte; es ist gewiss, dass sie bei den nordischen völkern nur eingeführt ist.

Nach den deutschen quellen zusammengenommen, und zurück bis zu den ältesten (den angelsächsischen liedern,[3] dem Hildebrandslied, dem Burgundengesetz), rücksichtlich des Ermenrich bis zu Jornandes zurück, ist:

Ermenrich könig der Goten (in der Dietrichssaga nach Rom versetzt).

Dietrich könig in „Bern" (Verona) in Italien.

Etzel (Atle) könig der Hunen; diese wohnen in den ungarischen ländern.

---

1) Vgl. Völundarkviða str. 14. Sigurdkv. III. 16. Brot af Brynhkv. 11, usw.

2) Damit ist natürlich nicht geläugnet, dass die sage urgermanische, ja sogar urindogermanische elemente enthalten kann, ja enthalten muss. in ähnlicher weise, wie z. b. die Lodbrokssage urindogermanische elemente enthält, und dennoch in der isländischen aufzeichnung keine von jeher auch beim norrönen stamm erhaltene sage ist, sondern eine aus Dänemark importierte und mit ein paar norrönen zutaten erweiterte. Urgermanische grundelemente beweisen durchaus nicht, dass eine sage notwendig eine bei allen germanischen völkern von jeher erhaltene, somit eine nicht von dem einen zu dem andern germanischen volke importierte sei.

3) Siehe W. Grimm: Heldensage s. 18.

Gunther könig der Burgunden (bisweilen der „Franken," was sich daraus erklären lässt, dass der wohnsitz um Worms später fränkischer boden ward, und zudem die Burgunden überhaupt den Franken untertan wurden.[1])
Sigmund fränkischer könig in irgend einer Rheingegend.

In den Eddaliedern ist:
Jörmunrek könig der Goten.
Thjodrek (Gudrkv. III.)?
Atle im ersten Gudrunenlied und in der Atlakvida könig der Hunen; sonst bleibt sein volk in blanco stehen.

Gunnar der Atlakvida zufolge könig der Burgunden; sonst wird er „Gotenkönig" tituliert, was nicht eben einen widerspruch zu bilden braucht, da die Burgunden wol zugleich Goten waren.

Sigmunds sohn Sigurd ein „hunischer könig."[2] (In den prosaausfüllungen heisst Sigmund aber könig im Frankenlande, welches, vielleicht nur zufällig, in den liedern nicht vorkömt.) (Im Hamdismál reiten Hamde, Sörle und Erp auf „hunländischen" pferden).

Also sind die ethnographischen verhältnisse in den liedern einigermassen verwischt und unklar geworden, offenbar hauptsächlich, weil man über die Hunen keinen rechten bescheid wuste. Man mag von mehr als einem „Hunenlande" gehört haben. Oder man mag dem Sigurd wegen der verbindung mit der hunischen prinzessin Brynhild gelegentlich in irgend einem nexus die bezeichnung „hunisch" beigelegt und somit eine verwirrung veranlasst haben; wenn Brynhild im „Wallande"[3] wohnt, widerspricht das durchaus nicht dem Hunenlande, welches eben ein „Walland," ein „wälsches," fremde zunge redendes land war. War erst Sigurd zu etwas „Hunischem" geworden, kam man mit der nationalität Atles in verlegenheit, wie wir denn auch sehen, dass die lieder hierüber gern schweigen. — Dass die nordischen gelehrten es vorziehen müssen, umgekehrt die ethnographischen verhältnisse der Eddalieder für die ächten, und die der deutschen quellen für verzerrt zu halten, folgt von selbst.

Auch die nicht isländische form, so die darstellung der Dietrichssaga, und auch anderer quellen, wie die des Nibelungenliedes, zieht

---

1) Siehe W. Grimm: Heldensage s. 66.
2) In der Wölsungasaga heisst das reich Wölsungs und Sigmunds ein „Hunenland" (vielleicht als teil des Frankenlandes aufgefasst?)
3) Die Walachei? (als teil des Hunenlandes betrachtet?).

Dänemark und die Dänen in die sage hinein, was also nicht erst durch nordische dichter bewerkstelligt wurde, obschon diese solches wol weiter ausgeführt haben mögen: so wenn sie die mutter Sigurds nach Dänemark (?¹) entführen und daselbst den Sigurd gebären, und wenn sie Gudrun nach Dänemark entfliehen lassen. So kann es aber auch schon die norddeutsche sage erzählt haben. — Im norden, und zwar in norröner bearbeitung, ist die sage von Helge dem Hundingstöter angeknüpft worden.

Nach den deutschen quellen zusammengenommen, und zwar abermals zurück bis zu den angelsächsischen,² so wie auch dem Hildebrandsliede, dem Burgundengesetze, und, rücksichtlich des Ermenrich, dem Jornandes, wird:

Ermenrich eins mit dem geschichtlichen gotenkönig Ermanarik.

Dietrich eins mit dem geschichtlichen gotenkönig Theodorik.

Etzel (Atle) eins mit dem geschichtlichen Hunenkönig Attila, so wie diesen die nicht allerältesten noch zuverlässigsten berichte darstellen. (Auch in der Dietrichssaga fällt er mit diesem Attila zusammen, indem seine frau Erka heisst, und „herzog Blodlin," = Bleda, an seinem hofe sich aufhält).

Gunther eins mit dem burgundischen könige Gundahar, den Attila 437 vernichtete, und dessen namen zusammen mit den übrigen Nibelungennamen wir im burgundischen gesetze in dieser namenreihe widerfinden: Gibika, Godomar, Gislahar, Gundahar (= Gjuke, Guttorm, Giselher, Gunnar, von welchen Giselher in der isländischen sagenform ausgefallen ist³).

Also wurden geschichtliche personen, die nicht gleichzeitig waren (Ermanarik, Attila, Theodorik), von der sage als gleichzeitig zusammengestellt, was schon im mittelalter deutsche schriftsteller bemerkten.⁴

Es sind natürlich diese identificationen entweder so zu fassen, dass die sagen wirklich von anfang an um diese geschichtlichen namen (auf dieselbe weise wie die sagengeschichte von Carolus Magnus) emporwuchsen, und zwar möglicherweise so früh, dass sie erst in späterm stadium mit einander in verbindung gebracht wären; oder aber so, dass

---

1) So nach der Wölsungasaga; es möchte aber das auf späterm misverständnis beruhen.

2) Diese schliessen sich gänzlich an die hochdeutschen an, bis auf einen disputabeln punkt, wovon später.

3) Man könte übrigens an und für sich, mit zurücksetzung anderer rücksichten, die Burgundenfürsten nach den sagenfürsten benant sein lassen.

4) W. Grimms Heldensage s. 37.

sich die identificationen erst in den schon ausgebildeten sagen einfanden, weil die namen zufällig passten: was jedoch um so unwahrscheinlicher würde, je mehr die sagen schon im voraus mit einander verknüpft wären, indem es schwerlich eintreffen würde, dass eine die mehrzahl der hauptpersonen eines combinierten sagenkreises umfassende namenreihe auf eine bestimte klasse historischer fürsten passen könte. Da nun sowol die identification der personen, falls diese übrigens eine unursprüngliche ist, als die verknüpfung der sagen bei den Deutschen müste bewerkstelligt worden sein, muss in der Edda sowol die verknüpfung als die identification, wo letztere durchblickt, als unwiderleglicher beweis deutschen ursprunges gelten. Die identification nun ganz isoliert für sich genommen wäre freilich aus den eddaliedern für sich genommen schwerlich zu erhärten, ausgenommen für das dritte Gudrunenlied, wo der name Herkja (= Erka) identification Atles mit Attila beweist. womit denn auch die identification Thjodreks mit dem könig Theodorik folgt; jedoch ist ferner auch für die beiden letzten lieder (Gudrúnarhvöt und Hamdismál) Jörmunrek, wie das von selbst folgt, mit dem bekanten Ermanarik eins;[1] wären aber diese drei lieder nicht da, würden wir von der identification an und für sich nicht weiter etwas erhebliches anführen können. Die identification ist aber eben nicht isoliert für sich in anschlag zu bringen; denn sie ist schon in der verknüpfung der sagen impliciert. Die zusammenstellung Gunnars, Atles und Jörmunreks (und, im dritten Gudrunenlied,[2] Thjodreks) als gleichzeitiger personen, um so mehr, wenn sie obendrein als könige respective der Burgunden, Hunen und Goten auftreten, ist beweises genug, dass dieser sagenformation ganz derselbe hinblick auf die geschichtlichen personen beigewohnt hatte, als der gewöhnlichen deutschen sagenformation. — Dass endlich ursprüngliche identität der sagenhelden und der geschichtlichen fürsten (oder einiger von diesen), d. h. im eigentlichsten sinne historische grundlage der sagen (was mir als das bei weitem plausibelste vorkommt), deutschen ursprung impliciert, bedarf auch nicht einmal der erwähnung.

So durchgreifend sind diese verhältnisse, dass es ganz vergeblich sein würde, um doch wenigstens etwas „nordisches" zu vindicieren, eine nach deutschen quellen vorgenommene umarbeitung der sagenverhältnisse einzuräumen (was natürlich schon an und für sich die abfassung der bewahrten lieder in sehr späte zeit herabsetzen würde); man

---

[1] Nämlich mit dem Ermanarik des Jornandes; also ferner insofern eins mit dem historischen des Ammian, wie es der des Jornandes ist.
[2] Auch, und wol nicht durch misverständnis, in der prosaeinleitung zum zweiten.

müste in solcher absicht als unächte und deutsche zutaten abziehen: die anknüpfung der hauptpersonen an deutsche und andere fremde völker und länder (Franken, Burgunden, Goten,[1] Hunen, Walland), sowol als die verlegung der scene an den Rhein; Sigurds tötung unter offenem himmel; den sohn Högnes als mitwirkend bei der erschlagung Atles; ferner den Thjodrek und die Herkja. Die zusammenstellung und gleichzeitigkeit Gunnars, Atles, Jörmunreks (und Thjodreks) wäre nach so enormen aufopferungen noch unversehrt, und müste gleichfalls aufgeopfert werden. Die gleich zu erwähnenden sprachlichen verhältnisse würden ferner nötigen, auch den namen Sigurd als den des drachentöters zu opfern. Und was bliebe dann übrig? Auch nur ein zehntel solcher berichtigungen und vervollständigungen nach deutschen quellen würde ja eben dartun, dass man im norden selbst die ganze sage nicht als eine einheimische, sondern eben als eine deutsche betrachtete. Und freilich gibt es zeugnisse genug, dass sowol die Isländer als Saxo die geschichte der Welisunge und Nibelunge dem Norden absprachen, und die vollständigste auskunft über dieselbe bei den Deutschen zu finden meinten.

Die linguistischen indicien deutschen ursprungs der sage sind von deutschen gelehrten[2] dargelegt worden. Schon das mag man als entscheidend betrachten, dass eine anzahl der hieher gehörigen namen bei den Deutschen in allgemeinem gebrauch waren oder noch sind, ohne es zugleich im norden zu sein; so besonders: Welisung, Nibelung (Nebelong), Sintarfizilo, Sibicho, Heimo, Dankrat, Hilperich, Schade, Brede; ferner Wieland (Weland); denn auch die allen deutschen und nordischen völkern bekante Wielandssage ist linguistischen zeugnissen zufolge deutschen ursprunges. Das nordische Völundr ist derselbe name wie Wieland, entspricht aber demselben dennoch nicht lautgerecht; wäre der name seit urgermanischen zeiten im norden überliefert, könnte ihm kein deutsches Wieland, sondern nur ein Waland gegenüberstehen; entlehnte wörter und namen werden leicht entstellt; eine entlehnung aus dem norden nach Deutschland kömt auch nicht einmal in frage. Das verhältnis bestätigt sich ferner im namen Hlödvér der Völundarkvida (und der zweiten Gudrúnarkvida); dies ist offenbar eins mit dem deutschen Hlódwic, Hluodwic, Ludwig; aber dem Hlôd- würde in ursprünglich gemeinsamen formen ein nordisches Hlód-,[3] nicht ein Hlôd- entsprechen; letzteres stellt sich als entstellende reproducierung fremder aussprache her-

---

1) Goðþjóð im Helr. Br. und Gudrhv. (Gotnar, Gotar für sich könte auch nur menschen bedeuten).
2) J. Grimm, Müllenhoff, Raszmann.
3) cf. Hlódyn.

aus. Unter den namen der Welisunge sieht Sinfjötli dem Sintarfizilo gegenüber wie eine verstümmelte form aus; und das verhältnis zwischen Sigurđr (dänisch Siward) und dem Sigfrid der deutschen quellen ist noch weit entscheidender. Der dem Sigurđr (aus Sigvarđr) entsprechende deutsche name ist Sigwart; dennoch nennen die Deutschen den sagenhelden Sigfrid; dies war ein im norden ungebräuchlicher name, und wurde deshalb mit einem andern nicht unähnlichen vertauscht. Unter den Nibelungennamen trägt Guttormr (Guthormr) eine befremdende form; es ist vom nordischen Guđormr (Gormr) offenbar verschieden, und möchte blosse entstellung von Godomar sein. Übrigens ist der name Guttormr (so wie auch Hlöđvér), vielleicht eben durch einfluss der eingeführten sagen, in Norwegen in gebrauch gewesen. Aus dem letzten teil des sagenkreises hat man die drei namen Jónakr, Erpr und Hamđir als verdächtig angeführt. Jónakr scheint auch mir durchaus unnordisch. Erpr kann man, obschon es natürlich eine nordische form sein könte, wenigstens gegenüber den constanten formen jarpr, jarpi, Jarpi, Jarpulfr, irpa, als verdächtig bezeichnen. Hamđir würde als aus dem deutschen Hamideo entstellt gelten können, falls Bugge es nicht mit recht in eine ältere form Hamþér zurückcorrigiert, welche correct nordisch sein würde. — Unter den völkernamen ist Gođ-þjóđ [1] offenbare misdeutung eines deutschen gotdiet (gutþiuda).

Es stellt sich die frage, wie früh die sage nach dem norden gelangte. Schwerlich wird sich dies je mit bestimtheit entscheiden lassen.

Falls wir nur die geschichte Sigurds, Gunnars und Atles übrig hätten, würden wir wol behaupten, die sage sei wahrscheinlich aus einem schon längst christlichen lande hergekommen, indem nicht eigentlich die heidnischen götter, sondern fast nur das tragische schicksal waltet. Der frühere teil der sage aber, der in den deutschen quellen fehlende teil, ist mit den germanischen göttern um so vertrauter, könte also in dieser gestalt nur aus einem lande hergebracht sein, wo es jedenfalls noch nicht zur gründlichen tilgung der vorstellungen von den göttern gekommen war. Aber andrerseits erhebt sich die kaum zu beantwortende frage, wie viel von der einmischung der götter auf die rechnung nordischer bearbeitung komme, ob z. b. die wanderung der drei götter, Odin, Hönc, Loke [2] eine zutat sei. Das blosse auftreten eines „ein-

---

1) Helr. Br. und Guđrhv.: volk der Goten; sollte Got-þjóđ heissen.
2) Prosaeinleitung zur zweiten Sigurđarkvida. — W. Grimm (Heldensage s. 385) sagt: „die götter sind eingeschoben."

äugigen alten" hätte sich wol leichter dem befestigten christentum zu trotz erhalten können.

Eben so wenig hilft uns hier die vergleichung der beiden hauptformen der sage, indem wir nicht wissen, wie früh die den deutschen quellen eigentümlichen änderungen der namen und ereignisse eintraten, da über diese punkte eben die ältern deutschen quellen nichts enthalten. Natürlich kam die sage nach dem norden, bevor Hagen (statt des Godomar) die tötung Sigfrids, und bevor Sigfrids wittwe (statt des Atle) den verrat an den Nibelungen übernahm; aber wir wissen eben nicht, wie früh es die Deutschen so erzählten. Und falls die Isländer in der verwendung der namen Gudrun und Grimhild das ursprünglichere bewahrt haben, hat die sage ihre wanderung nach dem norden begonnen, ehe Sigfrids weib den namen Grimhild erhielt; wie früh sie aber bei den Deutschen so hiess, ist uns eben unbekant.[1]

Die angelsächsischen quellen, so dürftig sie sind, schliessen sich doch deutlich genug zunächst an die hochdeutschen an. Zweifelhaft bleibt jedoch diese übereinstimmung in den zeilen im Beowulf, wo die Welsunge erwähnt werden.[2] Nach der natürlichsten erklärung der worte wäre hier eine nicht-übereinstimmung, welche eine obschon nur relative zeitbestimmung implicieren würde. Es wird nämlich (natürlich gemäss der damaligen englischen form der sage) erzählt, wie ein sänger den hofleuten vorträgt: „Was er gehört hatte von Sigemunds taten, von den weiten fahrten und missetaten Wälsings, worüber man genaueres nicht erfahren, ausser nur Fitela mit ihm; diese unterhielten sich bisweilen darüber, der oheim und sein neffe, wie sie bei allerhand unfug kameraden gewesen, und manche der „Eoten" [was Jüten, aber auch riesen bedeuten könte] erschlagen hatten. Dem Sigemund entsprang grosser ruhm nach dem tode, indem der kampfderbe den wurm, des hortes hüter, tötete. Er, der edelingssohn, wagte allein, unter dem grauen felsen, die kühne tat; nicht war Fitela mit ihm; doch gelang es ihm den wurm zu durchbohren, dass das schwert im walle stand, und der drache starb. Der wüterich hatte es durch kühnheit erreicht, dass

---

1) Übrigens wäre es ja möglich, dass diese frau einst beide namen, Gudrun und Grimhild, führte (wie ja Brynhild auch als Sigrdrifa auftritt), und dass die Deutschen den erstern fallen liessen, die Norweger den letztern auf die mutter übertrugen.

2) V. 1753—1805 in Thorpes ausgabe (bei Grein v. 875—900). V. 1806 ff. (901 ff) reden offenbar nicht mehr von Sigmunds irrfahrten, sondern von denjenigen eines Heremód, die als wo möglich noch merkwürdiger bezeichnet werden. So versteht es auch Grein; und ebenfalls W. Grimm, indem er (Heldensage s. 15) mit v. 1805 abbricht.

er den schatz frei gebrauchen konte. Er, der sprössling Wälses,[1] lud die blinkenden kleinode auf das schiff. Er war bei weitem der berühmteste landflüchtige wanderer." Hier ist also Wälsing correcter weise so viel als sohn Wälses und eins mit Sigemund, was natürlich ursprünglicher ist als der norrönen erzählung „Sigmundr Völsungssonr." Hierüber ist kein zweifel möglich. Sonst aber hat man die ganze stelle auf zweierlei art aufgefasst. Entweder sind der „Wälsing" und der „kampfderbe sprössling Wälses" zwei personen (Sigmund und Sigfrid), so dass der sinn wäre: „dem Sigmund entsprang nach seinem tode ruhm durch die tat seines sohnes, welcher, und zwar sogar allein, ohne beihilfe eines Fitela, den drachen zu töten vermochte;" nach welcher erklärung hier kein wesentlicher unterschied von den andern überlieferungen der sage wäre.[2] Oder auch ist „Wälsing" und „sprössling Wälses" eins und dasselbe, beides bezeichnung des Sigmund, der sonst den Fitela bei sich hatte, jedoch demnach nicht bei der tötung des drachen; und dann fehlt also Sigfrid in der geschlechtsreihe, ist also noch gar nicht erfunden (indem wir hier jedenfalls ein älteres stadium der sage, nicht ein jüngeres, vor uns haben). Und ferner würde folgen, dass der norröne stamm die sage aus Deutschland her erhielt, erst nachdem man in Deutschland den sohn Wälses in zwei helden zerteilt hatte, indem man nach Sigmund einen Sigfrid einschob, dem man die tötung des drachen zuteilte. Die sprechweise des letzten angelsächsischen bearbeiters der Beowulfsage ist nicht eben immer sehr präcis. So auch nicht hier. Und obgleich die letztere erklärung wol den worten gemäss die natürlichere wäre, dürfte man doch vielleicht nicht zu fest auf dieselbe bauen.

Wir können wol annehmen, dass die norwegische geschichte schon mit Harald Schönhaar, in der letzten hälfte des 9. jahrhunderts, aufängt, wenigstens in manchen dingen, einigermassen zuverlässig zu sein, wogegen für die zeit vor ihm norwegische geschichte auch nicht einmal existiert. Unter den namen der söhne dieses königs nun finden wir (bei Snorre) Guttormr[3] und Sigfrödr. Inwiefern man diese namen (correcte überlieferung derselben vorausgesetzt) als indicien deutschen einflusses, und wol eben als indicien des vorhandenseins der deutschen heldensage in Norwegen im 9. jahrhundert, anerkennen will, hängt davon ab, wie viel gewicht man auf die oben besprochenen verhältnisse legt, welche

---

[1] *Wælses eafora*. Dies wort *eafora* wird in den wörterbüchern durch *proles, filius* übersetzt.

[2] Nicht eben wesentlich ist es, dass es hier nicht (wie in der Wölsungasaga) die Gauten, sondern wahrscheinlich die Jüten sind, gegen die Sigmund kämpft.

[3] So soll übrigens auch schon ein oheim Haralds geheissen haben.

es unwahrscheinlich machen könten, dass diese namen einheimische nordische wären. Das gewicht dieser verhältnisse aber zugegeben, müste man ferner zugeben, dass der so ungewöhnliche name Sigfrödr ein indicium abgeben müste, dass die sage damals nicht schon lange in Norwegen bekant war, indem er andeuten würde, dass man dem sagenhelden, nach welchem Harald diesen sohn benant hätte, noch den fremden namen (Sigfrid) belassen hatte, und erst nach Haralds zeit mit dem norrönen namen Sigurd vertauschte, ein umtausch, der ja offenbar um so schwieriger ausführbar geworden wäre, je längere zeit die sage mit samt dem fremden namen gehabt hätte, einzuwurzeln und über ganz Norwegen sich zu verbreiten.

Es würde nun ferner mit diesen indicien übereinstimmen, wenn man aus dem 9. jahrhundert (und dem anfange des 10.[1]) norwegische Skaldengedichte hätte, welche hindeutungen auf die sage enthielten. Nun finden wir freilich in der Skalda, in der Heimskringla und hin und wider in andern sagas, einige gedichte oder bruchstücke von gedichten, die den „Skalden Haralds Schönhaar" zugeschrieben werden, so besonders dem Thjodolfr hinn hvinverski, der das Ynglingatal sogar noch vor der regierung Haralds, also schon um die mitte des jahrhunderts, sollte verfasst haben. In diesem Ynglingatal[2] werden Winge[3] und Jonakrs söhne genant. Solche zeugnisse müssen aber meines erachtens wegfallen, indem überhaupt an die authentie der gedichte „der Skalden Harald Schönhaars" nicht zu glauben ist, und speciel das Ynglingatal sicherlich nicht aus dem 9. jahrhundert herstammen könte, sondern erst aus einer zeit, wo die geschichtlichen verhältnisse des 9. jahrhunderts in der norrönen sage, unter dem einfluss späterer politischer verhältnisse, eine gründliche umgestaltung erfahren hatten; aus einer zeit, wo man die wol frühestens im 10. jahrhundert eingeführten dänischen königssagen in norwegischem interesse corrigierte. Der berühmte dänische könig Gudfred (Godofridus) (in norröner form Gudrödr), welcher während der streitigkeiten Dänemarks mit Carl dem Grossen im jahre 810 durch verrat eines dienstmannes getötet wurde, ist im Ynglingatal in die reihe der norwegischen Fylkeskönige aus dem Ynglinggeschlechte eingefügt; weshalb die Ynglingasaga auch nicht die mindeste ahnung davon hat, dass er könig von Dänemark war.[4] Dass

---

1) Harald starb nämlich erst um 930, in sehr hohem alter.
2) In Snorres Ynglingasaga cap. 26 und 39.
3) Der Vingi des Atlamál.
4) Ynglingasaga cap. 53. — Um deren glaubwürdigkeit zu erretten, hat man eine, besonders durch Munch ausgebildete, theorie erfunden, dass diese Ynglinge Südschleswig erobert hätten, und von da aus das kaiserreich bekriegten, indem man

eine solche gänzliche umwandlung und verschiebung des geschichtlichen schon binnen 40 jahren nach seinem tode, als noch viele seiner zeitgenossen lebten, zu stande gekommen sein sollte, ist natürlich eine unmöglichkeit. — Noch weniger respect würden dann vorgebliche noch frühere vorharaldinische Skaldenstücke verdienen. In den bruchstücken einer Ragnars drápa loðbrókar[1] (in der Skalda), welche unter dem namen „Brage Skald des Alten" passieren, werden die Wölsunge, Jörmunrek und Jonakrs söhne erwähnt. Es scheint mir sehr naiv, diesen „ältesten namhaften Skalden Norwegens" des dagewesenseins auch nur für verdächtig zu halten. Schon sein göttlicher name, der name eben des Skaldengottes, sollte ihn solches verdachtes überheben,[2] obschon, „der wolunterrichteten Egilssaga" zufolge, der tod ihn noch bis ums jahr 830 sollte verschont haben. Er soll sich in den dienst „Ragnars Lodbrok" begeben haben. Aber damit ist schon ein blosser sagenkönig, ein typus der Wikingszeit, bezeichnet, welcher wol erst im verlauf des 10. jahrhunderts aus demjenigen Regner (in deutschen quellen Reginfridus), nebenkönig eines Harald (Harioldus), hat emporwachsen können, welcher dem zuverlässigen berichte Einhards zufolge, im jahre 814, nach zweijähriger unmerkwürdiger regierung, in einem bürgerkriege umkam. Erst nachdem die dänische sage ihn zu etwas übergrossem erhoben und ihm den beinamen Lodbrok (vielleicht einer andern uralten sage entlehnt) zugeteilt hatte, erhielt er mit der nach Norwegen wandernden sage bedeutung für die Norweger; und dann mögen sie ihm wol sogar die norröne Skaldenkunst in diesem „Brage Skald dem Alten" zugesellt haben, wie es denn vielleicht auch nicht ganz zwecklos war, den beherscher der halben welt und sein ganzes geschlecht hie und da zu gunsten der norrönen interessen zu bearbeiten. (Aus den bruchstücken dieser kaum sehr alten *drápa* ersieht man übrigens nicht, ob mit dem daselbst genanten Ragnarr der sagenkönig Ragnarr loðbrók gemeint ist, was wir aber immerhin auf das wort des verfassers der Skalda glauben können.)

Die sonderbare naivetät, womit nordische gelehrte diese zeugnisse behandeln, zeigt sich am grellsten in bezug auf „das alte *Bjarkamál*,"

vorausgesetzt, Dänemark sei in mehrere königreiche zerfallen gewesen. Aber die einstimmige auffassung Einhards, Rimberts, Adams, Saxos, Snorres usw. beweist, dass Dänemark damals nur ein reich bildete, das natürlich nicht norwegischen gaukönigen untertan war, sondern umgekehrt oft norwegische küstenstriche beherschte, wodurch erbansprüche entstanden, welche, sowol als die noch spätern dänischen ansprüche auf ganz Norwegen, die Norweger durch genealogische fictionen beseitigen wollten.

1) „*er kann orti um Ragnar loðbrók*" (Snor. Edda I, 370. 436).
2) Die existenz zugegeben, wäre damit nicht die authentic gegeben. Man konte ihm eben wie dem Ragnar, dem Bjarke, dem Starkad lieder andichten.

welches man als uraltes, und zwar dänisches, zeugnis für die Nibelungensage citiert. Die beiden in der Heimskringla [1] mitgeteilten strophen, zur Rolfssage gehörend, mögen immerhin einem ächten heldenlied, sogar einem aus Dänemark eingeführten, entlehnt sein; natürlich in solcher gestalt, wie sie die lieder von den dänischen königen in der Wikingszeit erhielten; dass die Rolfssage einst eine ganz andere gestaltung gehabt hatte, ersieht man, wie oben erwähnt, aus dem Beowulf. Diese beiden strophen nun enthalten nichts von den Nibelungen. In der Skalda dagegen finden wir als benennungen des goldes: „des Rheines roterz," „der Nibelunge streitursache," „Granes ladung," „Fafnes erde," in drei andern strophen, welche als zum Bjarkamál gehörend citiert werden. Diesen strophen aber sieht man es auf den ersten blick an, dass sie gar nicht demselben gedichte wie jene zwei [2] entnommen sind. Sie haben ein anderes und jüngeres metrum. Sie haben offenbar nie einem ächten heldenliede zugehört. Sie sind ein blosses verzeichnis von *kenningar* (umschreibungen) des goldes; ein verzeichnis, dem man mit einer den Isländern sehr geläufigen freiheit den alten namen *Bjarkamál* zugeteilt hat, indem man es, durch solche *kenningar* veranlasst, unter den verschiedenen sagen auch auf die Rolfssage speciel beziehen konte.

Bündige zeugnisse für das dasein der deutschen heldensage bei dem norrönen stamme im 9. jahrhundert wären also schwerlich aufzutreiben. Die besten wären noch immer jene beiden namen Sigfröðr und Guttormr; und besonders über den letztern liesse sich immer noch streiten; einer von beiden ohne den andern hätte hier wenig gewicht; und dann müssen wir noch correcte überlieferung voraussetzen. Aus dem 10. jahrhundert, so wie auch aus dem 11. haben wir einige zeugnisse aus Skaldengedichten,[3] deren authentie, wenigstens zum teil, geringerem zweifel unterworfen wäre. Wir können indess immerhin zugeben, dass es doch wahrscheinlich ist, dass die sage nicht erst so spät (nicht erst nach Harald Schönhaars zeit) zum norrönen stamm gelangte.

Über den weg, den die sage wanderte, wissen wir nichts. Es ist nicht eben ausgemacht, dass sie über Dänemark nach Norwegen kam. Sie könte auch direct aus Deutschland oder England hergebracht worden sein. Dass die aus der isländischen litteratur bekante form der sage auch in Dänemark gegolten habe, lässt sich nicht dartun, im gegensatz teilweise widerlegen, indem gar nicht zu bezweifeln ist, dass 1) die anknüpfung der sage von Helge dem Hundingstöter, 2) die speciellere

---

1) *Saga Ólafs helga* cap. 220.
2) Alle fünf sind in den *Fornaldarsögur* I s. 110 f. zusammengestellt.
3) Das *Eiríksmál; Egill Skallagrímssonr; Hallfreðr vandræðaskald* usw.

verknüpfung der Nibelungensage und der Jörmunrekssage durch die dritte heirat Gudruns, 3) die anknüpfung der Ragnar Lodbrokssage (welche letztere anknüpfung jedoch in keinem bewahrten Eddaliede vorkömt), das werk der norrönen bearbeitung ist. Saxo hat die Helge-Hundingstötersage, und die Jarmerikssage, ohne irgend etwas von der Nibelungensage zu haben. Er stimt also insofern mit der deutschen sage, und zwar im bewahren des ältern, überein, als er von der speciellern anknüpfung der Ermenrichssage nichts weiss, und die fernere dennoch durchblicken lässt, indem der name Budle (anfangs in der erzählung) auf gleichzeitigkeit Jarmeriks und des (bei Saxo fehlenden) Atle zurückdeutet.[1] Dass Saxo den hexennamen Gudrun hat, bleibt ein neutrales verhältnis, indem man diesen namen sowol für anlass der norrönen formation, als für nachwirkung derselben gelten lassen kann.

Es fragt sich demnach zunächst nur, ob man einst in Dänemark insofern mit der norrönen form übereinstimte, dass man 1) Guttorm[2] den Siward töten liess, 2) Atle die Nibelunge vernichten liess, 3) Siwards weib Gudrun und nicht Grimhild nante (wenn übrigens wirklich Grimhild erst spätere entstellung ist). Die bekante stelle beim Saxo von dem deutschen sänger, der in Dänemark den Knud Laward dadurch warnte, dass er „die allbekante treulosigkeit Grimhilds gegen ihre brüder" vortrug, enthält einen beleg, dass den Dänen im 12. jahrhundert die nicht-isländische darstellung dieser verhältnisse „allbekant" war. Alle betreffenden „Kæmpeviser" schliessen sich ferner der nichtisländischen formation an, nur eine wol ausgenommen, die no. 4 in der Sv. Grundtvigschen ausgabe, welche einen verrat besingt, der demjenigen Atles an den Nibelungen ähnlich sieht, jedoch mit ganz andern namen, was ich so erklären möchte, dass dies eine norröne Kæmpevise wäre, in welcher man eben deshalb die namen alle änderte, weil sie der den Dänen bekanten erzählung zuwiderliefen.[3] Es fehlt demnach durch-

---

1) Saxo erwähnt auch die tötung der neffen Jarmeriks (der Harlunge), wovon die norröne form schweigt.

2) Der name Guttorm kömt ein par mal bei Saxo vor, und müste ja, falls er ein fremder ist, aus Deutschland oder aus Norwegen her in gebrauch gekommen sein. Ist er aus der Nibelungensage her in aufnahme gekommen, so wäre damit noch nicht erwiesen, dass man in derselben Guttorm als den mörder Sigfrids kante. Die Dietrichssaga hat ja den Guttorm, aber nicht als den mörder.

3) Sv. Grundtvig (in seiner ausgabe der „Folkeviser") versucht auch no. 2 und no. 3 der „nordischen sage" zu vindiciercn. Bei no. 2 beruft er sich auf das daselbst erwähnte pferd Siwards; dasselbe kömt aber auch in der Dietrichssaga vor. und bewiese ja dennoch nichts, weil das blosse fehlen eines details in den späten deutschen quellen für die ältern verlornen nichts beweist. Die no. 3 soll „nordisch"

aus an beweisen, dass die norröne formation (in diesen drei oder zwei punkten) jemals zugleich die dänische (und schwedische) war. Dass wenigstens die Helgelieder und die Jörmunrekslieder der Edda eine nur norröne formation enthalten, dürfen wir jedenfalls als ausgemacht betrachten. Wie es aber nun auch immer um die redactionsform der sage in Dänemark mag ausgesehen haben, ist und bleibt der ganze sagenkreis ein deutscher und kein nordischer.

Ob auch die eddische göttersage, neben den urgermanischen, deutsche elemente enthält, wird sich vielleicht nie mit völliger gewisheit entscheiden lassen.

Dass die vorstellungen von dem untergange der welt bei den Deutschen wesentlich ganz dieselben waren wie bei dem norrönen stamme, ersieht man besonders aus dem „Muspill," worüber ich mich hier nicht zu verbreiten brauche. Falls die hieher gehörigen vorstellungen dem christentume entstammen, wären sie auch aller wahrscheinlichkeit nach von süden nach norden gewandert (etwa um die zeit der völkerwanderung). Ich weiss, dass die annahme christlichen ursprunges bei den altertumsforschern nicht in gunst steht, kann mich aber nicht erwehren, dem verdachte nachzuhängen. Die übereinstimmung der norrönen lehre und der durch das alte gedicht Muspill sichtbaren deutschen teils mit einer der letzten reden Jesu,[1] teils mit einem abschnitte in der Offenbarung Johannis[2] scheint mir zu gross, um nur zufällig zu sein,

---

sein, weil Siward im saale getötet wird, und weil die königinnen sich am flusse zanken; aber solches bleibt bei der armut an norddeutschen quellen ohne gewicht. In dem ersteren punkte schwanken ja auch die Eddalieder. Weit entscheidender ist es, dass in diesem liede (no. 3) die eine heldin Signild heisst (aus Grimhild, nicht aus Gudrun entstellt), dass Hagen den Siward tötet, und dass die andere heldin, also freilich eben die Brynhild (durch ein zusammenziehen und verschieben der züge der „unnordischen" sagenform) mitten durchgehauen wird. — Übrigens ist bei den „Kæmpeviser" norröner einfluss immer möglich.

[1] Mt. 24. Mr. 13. Lc. 21. — Brüder werden sich befeinden, völker sich bekriegen .... ein grosser angriff auf Jerusalem .... Die sonne verfinstert sich, die sterne fallen .... Messias in seiner kraft steigt als richter herab ... usw. (Vgl. in der *Völuspá: brœðr munu berjask .... sól mun sortna .. hverfa af himni heiðar stjörnur* usw.).

[2] $19_{19} - 21$. — „Das tier" wird ergriffen und in den feuersee geworfen (vgl. *Fenrir*). „Die schlange" (satan) wird ergriffen und auf tausend jahre in den abgrund geworfen (vgl. *Midgarðsormr*). Nach den tausend jahren bricht sie los, mit „Gog und Magog" (vgl. die riesengeschlechter), gegen „die heilige stadt" (vgl. *Ásgarðr*), über „die ebene der erde" (vgl. die ebene *Vigriðr*) vorrückend. Es fällt feuer vom himmel und verzehrt sie (vgl. das feuer *Surts*). Himmel und erde vergehen (vgl. bei

obschon ich mir andrerseits nicht verhehlen kann, dass es wol einige
schwierigkeit hat, sich vorzustellen, wie das gedicht eines mit christlichen vorstellungen vertrauten, und dennoch heidnischen sängers sich
als volksglaube über ganz Deutschland und den norden hätte verbreiten
können. Man müste solches denn eben der gigantischen kraft seines dich-
tergenies zuschreiben.

II.
DIE LIEDER NORRÖN.

Obschon die heroischen sagen der „Sämunds-Edda" deutsche
sagen sind, versteht es sich von selbst, dass die lieder, die heroischen
sowol als die mythischen, nordische lieder sind, ebenso wie der Beowulf ein englisches gedicht ist, obschon die sagen, von denen es handelt,
nicht englische sagen sind. Es fragt sich nun, inwiefern man (in verbindung mit einer bestimmung des alters) noch specieller bestimmen
kann, ob diese lieder, wie man es der aufzeichnung auf Island zufolge
erwarten müste, norröne (norwegische und isländische) lieder sind, und,
dies zugegeben, ferner dann auch, ob man irgendwie norwegische
und isländische bearbeitung unterscheiden könte. Es wäre natürlich viele mühe gespart, falls, wie beim Beowulf, die sprache der lieder sogleich den ausschlag gäbe.

Die **sprachlichen verhältnisse** haben wir demnach zuerst in
erwägung zu ziehen.

Noch im 9. und 10. jahrhundert war offenbar der sprachliche unterschied zwischen den stämmen des nordens so unerheblich, dass man
nicht, wie jetzt, von verschiedenen nordischen sprachen, sondern nur
von dialecten hätte reden können. Kaum irgend ein grammatischer
unterschied würde in den liedern durch die isländische aufzeichnung her-
vorblicken, als nur etwa ein solcher, der die alliteration (also den con-
sonantischen anlaut) afficierte, indem jeder andere, ohne beeinträchtigung
des metrums, wol einfach durch mechanische einsetzung der isländischen
wortformen würde verwischt worden sein. Die bezüglichen alliterations-

---

Snorre: *brendr er himinn ok jörð). Das grosse gericht wird gehalten (vgl. in der
Völuspá: þá kemr in ríki at regindómi). Ein neuer himmel und eine neue erde
erscheinen (vgl. öðru sinni jörð or ægi), und ein neues Jerusalem aus gold und edel-
steinen (vgl. Gimlé). — Dass auch der norrönen vorstellung nach, Helheim und
Náströnd auch nach dem Ragnarök bewohner haben musten, folgt teils aus dem
regindómi, teils daraus, dass der grosse brand nur die im Ginnungagap entstandene
vergängliche welt verzehren konte, nicht aber Muspelheim und Nebelheim, also auch
nicht die wohnorte im letztern.

verhältnisse berühren übrigens eben so wol, zum teil noch mehr, das alter als den heimort der gedichte.

Im ganzen norden ist der urgermanische anlaut j[1] weggefallen, und ebenso der anlaut v (: w) vor o, u, y, ó, œ, ú, ý,[2] und zwar ganz bestimt nicht erst im 9. jahrhundert; wie viel früher aber, lässt sich nicht eigentlich feststellen. In den von Bugge gelesenen[3] inschriften (denen mit den ältern runen) aus „dem ältern und mittlern eisenalter" stehen solche anlaute noch, ganz bestimt das w (Wodurid usw.), vielleicht das j (jah?), was also, falls wir hier ein älteres stadium der jetzigen nordischen sprachen selbst hätten, einen entscheidenden beweis abgeben würde, dass die Eddalieder in ihrer aufbewahrten gestalt samt und sonders erst aus einer weit späteren zeit stammen, indem sie samt und sonders diese anlaute nicht darbieten, und wörter wie z. b. ár (ursprünglich jár), ulfr, Óðinn (ursprünglich vulfr, Vóðinn) nur vocalisch alliterieren lassen. Ich vermag indessen nicht einzusehen, wie die von Bugge aus diesen inschriften herausgelesene sprachform ein directes, obendrein so später zeit angehöriges mutterstadium sämtlicher nordischen sprachen, oder auch irgend einer derselben, sein könte, und kann andrerseits aus historischen gründen nicht an eine hinlänglich grosse und überwältigende nordische völkerwanderung erst im 8. jahrhundert glauben, welche die jetzigen nordischen sprachen eingeführt hätte, sehe mich also gezwungen, in diesen inschriften die sprache eines, später absorbierten, eingedrungenen herscherstammes[4] zu erblicken, die sich ein paar jahrhunderte hindurch der sprache der grundbevölkerung zu trotz erhalten hätte, so dass diese inschriften eine ähnliche stellung einnehmen würden wie die nordischen in Grossbritannien. Ich für meinen teil sehe mich also genötigt, auf ein so bestimt abgränzendes chronologisches kennzeichen, wie das den inschriften zu entnehmende wäre, verzicht zu leisten. Da aber doch kaum jemand annehmen würde, dass die nordischen sprachen schon „im ältern eisenalter" das w verloren hätten, so würden die lieder sich doch jedenfalls selbst ausserhalb der gränzen so alter zeit stellen. — Es könten ein paar stellen in den liedern nachwirkung des anlautes vo, vu zu enthalten scheinen, nämlich

---

1) Was man in isländischen büchern, der neuern aussprache gemäss, als j druckt (jörð z. b.), war vormals ein vocal und alliterierte durchaus vocalisch.

2) Nur in verbaler flexion kann angleichung das v wider einsetzen, z. b. vinna vann unninn und auch vunninn.

3) Es dürfen meine worte nicht als eine gutheissung sämtlicher deutungen Bugges gelten, von welchen sehr viele überaus problematisch bleiben, was aber in der natur der inschriften liegt.

4) Man könte etwa an die Eruler denken?

Lokas. 2 [1] *mangi er þér í orði vinr*
10   *rístu þú Viðarr*
               ok lát ulfs föður
Hárbarðsl. 24 *Óðinn á jarla*
               þá er í val falla

was solchenfalls also so zu erklären wäre, dass hie und da ein vers unverändert aus weit ältern gedichten herübergewandert wäre, natürlich mit hintansetzung der für die uns vorliegenden lieder gültigen alliterationsregeln. Aber auch nicht einmal das lässt sich kraft dieser paar beispiele behaupten. Die beiden erstern lassen sich gar zu leicht aus blosser unachtsamkeit eines schreibers erklären: *engi* statt *mangi*,[2] und ein *upp (upp rístu Viðarr)* überheben diese zeilen des verdachtes eines dahinter steckenden *vorði* und *vulfs*. Und was das beispiel aus dem Harbardslied betrifft, so ist dies gedicht sowol metrisch als in der alliteration viel zu locker, um ganz abnorme sprachliche verhältnisse (so wie ein *Vóðinn*) erhärten zu können.[3]

Der anlaut *vr* hat sich in Schweden, Dänemark und einem grossen teile des südlichen Norwegens (so in Buskerud, Thelemark, Robyggdelag,[4] meines wissens auch in der bis 1658 norwegischen provinz Bohuslen oder Viken[5]) bis jetzt erhalten. Längs der ganzen westküste Norwegens, und ebenso auf Island (das eben aus diesem küstenlande bevölkert wurde) ist das *v* dieses anlauts gänzlich geschwunden; ob schon im 9. jahrhundert, lässt sich kaum dartun; aber wol jedenfalls im 10.; jedoch konte die veränderung nicht auf einmal längs der ganzen ungeheuern strecke am ocean eintreten. Da der schwund des *v* seit dem 9.—10. jahrhundert nur hat zunehmen können, dürfen wir annehmen, dass damals überhaupt das „Søndenfjeldske" (d. h. das land im südosten des höchsten gebirgsrückens), oder jedenfalls das ganze land zu beiden seiten des Skageraks, das *vr* wahrscheinlich noch unversehrt wird gehabt haben. Aber auch falls schon damals das gebiet des *vr* dieselbe begränzung hatte, wie heutiges tages, würde das vorkommen dieses anlautes ein gedicht nicht aus dem norrönen gebiete verweisen; auch nicht dann,

---

1) Die citate in meiner abhandlung passen, wo anderes nicht bemerkt wird, zu den in Deutschland verbreitetsten ausgaben, denen von Lüning und Möbius.
2) In Lokas. 2 könte man wol auch ein beispiel der freiheit erblicken, die drei zeilen im *ljóðaháttr* mit einander alliterieren zu lassen (wie in Lokas. 14, Hávam. 79), wobei die dritte nur einen stab erhält.
3) Übrigens findet man gelegentlich die alliteration der beiden ersten zeilen der dreizeiligen halbstrophe (*ljóðaháttr*) versäumt, z. b. Sólarljóð 76 (beide halbstrophen), grade ein sehr correctes lied.
4) Wo man *vrei*', *vrak*, *vrang*, *vrie*, *vrist* sagt.
5) Vgl. ortsnamen wie Vrangebäck, Vrangvatten.

wenn das gedicht erst dem 9., 10. oder 11. jahrhundert angehören könte; es könte ja eben von einem sänger herrühren, dessen dialect das *v* noch bewahrte. Aber auch dichter, in deren aussprache es verschwunden war, werden es wol gelegentlich als willkürlichen archaismus verwendet haben. Einen beleg liefert das späte und christliche gedicht *Sólarljóð*[1] in diesen zeilen:

26   *(v) r e i ð i verk*
      þau er þú vunnit hefir.

Ferner citiert die grammatische abhandlung des Ólafr Hvítaskald[2] als beispiel des *vr* eine zeile, die er dem Isländer Egill Skallagrímssonr beilegt:

vröngu varar Gungnis

und Olaf sagt hierüber: „jetzt heisst das in der dichtkunst: alter gebrauch des *v*" *(nú er þat kallat vindandin forna í skaldskap)*. Aus den vorgeblichen gedichten „Brage Skalds des Alten" citiert die Skalda:[3]

vildið vröngum ofra
vágs hyrsendir œgi.

Den Brage dachte man sich nun freilich als zu einer zeit (anfangs des 9. jahrhunderts) lebend, von der wir nicht wissen können, wie es um das *vr* stand. Mir aber, der ich die „Bragenlieder" für spätere und wol isländische producte halte,[4] ist das *vr* in *vröngum* natürlich ein willkürlicher archaismus. — In den Eddaliedern nun, welche durch neubearbeitung älterer dichtung entstanden sind, könte das *vr* noch ausserdem auf eine andere weise blosser archaismus sein, indem dieselben nicht selten zeilen und strophen aus ältern gedichten unverändert herübernehmen, so dass ein *vr* hier für die ältern lieder, viel mehr als für die Eddalieder selbst, belege abgeben könte, obschon man natürlich auch, und eben vorzüglich in gedichte dieser antiksten form, das *vr* mit absicht als passenden archaismus hineinbringen konte. In den Eddaliedern nun hat man 8 unzweifelhafte beispiele[5] des bewahrten *vr* aufgefunden:

1) Ist nicht zu den „Eddaliedern" zu rechnen, steht auch in keiner der beiden handschriften.
2) Snorra Edda, Arn. Magn. ausg. II. 132. 134.
3) Snorra Edda I, 504.
4) Ebenso wie z. b. das dem Ragnarr loðbrók angedichtete Krákumál, welches aus christlicher zeit herrührt (vgl. *odda messu* in str. 11).
5) In diesen gedichten können natürlich weder für noch gegen das *vr* solche zeilen als beweise gelten, welche (wie in þrymskv. 1. Lokas. 18. 27. Atlakv. 13. Rígsm. 1. Sigrdr. 37) auch, sei es ohne oder mit dem *vr*, den nötigen stab schon haben. Ein nebenstab ist ja der regel eben so gut gemäss, wie es zwei sind.

Hávam. 31	*en at viði (v)rekask*
Vafþrúdn. 53	*þess mun Viðarr (v)reka*
Lokas. 15	*vega þú gakk*
	ef þú (v)reiðr sér
Fáfnism. 7	*sæi maðr þik (v)reiðan vega*
17	*hvars skolu (v)reiðir reiga*
30	*hvars skolu (v)reiðir vega*
Sigrdríf. 27	*hvars skolu (v)reiðir vega*
Atlakv. 2	*vin í Valhöllu*
	(v)reiði sásk þeir Húna

also nur für die beiden wörter *reka* und *reiðr* (nebst *reiði*), und so dass fünf dieser acht beispiele die uralte alliterierende formel *(v)reiðr vega* enthalten, drei derselben sogar buchstäblich gleich lauten. Andrerseits finden sich mehr als doppelt so viele beispiele des vor *r* abgeworfenen *v*. Das sieht zusammen so sonderbar aus, dass ich darin nicht einmal direct kennzeichen einer übergangsperiode oder der verschiedenheit norwegischer dialecte erblicken möchte, sondern vielmehr in den fällen mit *vr* nur willkürliche archaismen, indem ich mir die sache so denke, dass ein paar stehende, von altersher alliterierende formeln mit *(v)reiðr* und *(v)reka*, die man nicht als solche aufgeben mochte, das bewustsein der ältern aussprache bei diesen beiden wörtern erhielten, und ferner zu willkürlich archaisierendem gebrauch der beiden wörter auch ausserhalb der formeln anlass gaben, während solches bei andern wörtern aus der ursache unterblieb, weil man sich bei denselben der ältern aussprache nicht mehr erinnerte. Doch läugne ich nicht (z. b. bei Vafþrúdn. 53) die möglichkeit unveränderter herübernahme einer zeile aus einem ältern gedicht. — Beispiele nun des *r* statt des ursprünglichen *vr* sind folgende aufgefunden:

Hávam. 5	*vits er þörf*
	þeim er víða ratar[1]
17	*sá einn veit*
	er víða ratar
106	*Rata*[2] *munn létumk*
	rúms um fá

[1] Hier, und 17, und Alvísm. 6 würde die 2. zeile einen stab zu viel haben, wenn man die ursprüngliche aussprache *vrata* gelten liesse. *víða vrata* ist eine ursprünglich alliterierende formel; dass sie dennoch jedesmal in zweiter zeile steht, beweist ausdrücklich, dass das *v* geschwunden war.

[2] Borer, eigentlich schnirkler, aus derselben wurzel wie *rata*; cf. das dänische *vraade et hjul* (die nabe durchbohren).

Lokas. 55	*hann rædr ró*
	þeim er rægir hér
Grímnism. 32	*Ratatoskr*[1] *heitir íkorni*
	er renna skal ,
Alvísm. 6	*Vingþórr ek heiti*
	ek hefi víða ratat
Helgakv. Hjörv. 6	*ríkr róg-apaldr*
	né Röðuls völlum
20	*þótt þú hefir reina*[2] *rödd*
21	*reini mun ek þér þikkja*
	ef þú reyna knátt
Helgakv. Hund. II. 26	*at þú at rógi*
	ríkmenni vart
Gripissp. 26	*vilkat ek reiði*
	ríks þjóðkonungs
36	*ratar*[3] *görliga*
	ráð Sigurðar
49	*mun fyr reiði*
	ríkbrúðr við þik
Atlakv. 27	*Rín skal ráða*
	róg-malmi skatna
29?	*röndum sleginn*
	ok róg-þornum[4]
Atlam. 4	*rúnar nam at rísta*
	rengdi þær Vingi
51	*röskr*[5] *tók at ræða*
	þótt hann reiðr væri

also für die wörter *reiðr* (nebst *reiði*), *rata* (nebst *Rati*, *Ratatoskr*), *rengja*, *reini*, *róg* (nebst *rægja*). Rücksichtlich des *rægja* ist zu bemerken, dass es auch im Schwedischen *röja* heisst, welche form während

1) *Rata* ist genitiv von *Rati*; *toskr* ist stosszahn (Bugges derivation aus *róta* ist falsch).
2) Siehe hierüber die noten in Bugges ausgabe; (*v*)*reini* bedeutet hengst.
3) Kaum für *hratar*, da in diesen liedern *r* statt *hr* fast nie vorkömt; Bugge in seiner ausgabe s. 174 weiss nur ein beispiel anzuführen: *ras* statt *hras:* Hávam. 152. — Im 9. — 10. jahrhundert stand das *hr* wol im ganzen norden fest, jedenfalls in Norwegen, schwand aber nicht viel später, ausgenommen auf Island, wo es sich bis jetzt ziemlich fest gehalten hat.
4) Siehe hierüber Bugges ausgabe s. 432.
5) *röskr* hiess vielleicht ursprünglich *vröskr* (verschieden von *raskr*); da aber nur ein nebenstab nötig ist, können wir hier weder str. 51 noch 56 noch 58 zum strengen beweise für den abfall des *v* gebrauchen. (Ebenso verhält sich Rígsm. 1).

der union mit Norwegen im 14. jahrhundert könte eingeführt worden sein. Hätte aber das Schwedische unabhängig vom Norwegischen das *v* dieses wortes eingebüsst, so entstünde die frage, ob solches so früh geschehen wäre, dass es in den liedern nur ein chronologisches, nicht zugleich ein örtliches kennzeichen wäre. Dass ein *rœgja* jedenfalls nicht „dem ältern und mittlern eisenalter" angehört hat, versteht sich von selbst. — In einigen liedern (Hávamál, Lokasenna, Atlakviða) findet sich, wie wir sehen, beides: *vr*, und *r* statt *vr*. In vielen fehlen beispiele sowol des einen als des andern.[1] — Es versteht sich von selbst, dass *r* statt *vr* norrönes kennzeichen ist, und dass bewahrtes *vr* hier neutral bleibt, indem ja das südliche Norwegen das *vr* noch jetzt kent, und dieser anlaut auch in sehr alten westnorwegischen gedichten stehen müste, und in jüngern westnorwegischen oder isländischen als archaismus stehen könte (welches letztere, wie ich schon gesagt habe, ich wenigstens für die mehrzahl der fälle als meine erklärung festhalte).

Das Harbardslied abgerechnet, enthalten sämtliche lieder beider codices den postpositiven artikel kaum über drei oder vier mal (wo er obendrein von schreibern könte hineingebracht worden sein). Anders im Harbardslied; es gebraucht oft den artikel ungefähr eben so frei, wie es isländische prosa tut, characterisiert sich also dadurch auf doppelte weise als ein spätes product, indem es erstens einer zeit angehört, wo in der täglichen rede der artikel wenigstens eben so häufig war, was den runensteinen nach[2] keine heidnische zeit wird gewesen sein; und zweitens einer zeit angehört, wo man darauf verfallen konte, in einem liede den eigentlichen poetischen styl (dem der artikel widerstrebt) aufzugeben. Natürlich ist der artikel direct nur ein chronologisches kennzeichen. Aber je jünger ein lied ist, um so unwahrscheinlicher wird es ein nicht-isländisches oder gar ein nicht-norrönes sein können.

Ganz ebenso verhält es sich mit einem andern und nicht grammatischen kenzeichen später zeit, nämlich fremdwörtern, wie besonders *dreki* (Völusp.), *kalkr* (Hýmisk., Sigurðarkv. III, Atlakv.), *kista* (Völdkv., Sigrdrf., Atlam.). Es gibt lateinische eindringlinge, wie z. b. *ketill*, *söðull*, *vín*, solche, die mit dem handel oder mit dem römischen heerwesen in verbindung standen, welche schon zur zeit der völkerwanderung oder gar früher zu den Deutschen gelangt sein könten, und viel-

---

1) Wie das denn auch nicht anders sein konte, da es der wurzeln mit *vr* nicht viele gibt.

2) Auch in den alten dänischen und schwedischen gesetzen ist der artikel noch verhältnismässig unhäufig. — Im Harbardslied steht er 20 mal.

leicht nicht jahrhunderte nötig hatten, um nach dem norden zu wandern. Aber *dreki*[1] würde keinesfalls so alt eingebürgert sein, und *kalkr* und *kista*, besonders das erstere, erregen verdacht, dass sie mit dem christentum hereingekommen seien. Lexicalisches, das über norrön und nicht norrön entscheiden könte, wird sich übrigens schwerlich auftreiben lassen. Der wortschatz der Eddalieder muss natürlich als der norröne epische sprachschatz gelten. Inwiefern er aber speciel dänische (oder schwedische) elemente enthalten könte, und inwiefern der dänische (und der schwedische) epische sprachschatz von dem norrönen verschieden war, wird sich aus der ursache nie dartun lassen, weil wir keine so alte dänische (noch schwedische) dichtungen in einheimischer überlieferung haben.

Ergiebiger an entscheidungsmitteln als die sprachlichen verhältnisse sind diejenigen, woraus wir ersehen können, welche **landes-natur** die phantasie der verfasser dieser und der dahinter liegenden ältern lieder erfüllt hat. Einiges, obgleich nicht vieles, liesse sich wol auch aus noch andern in den gedichten hervortretenden lebensverhältnissen folgern.

Norwegen und Island sind felsenländer, Dänemark ein niedriges land. (Auch die uralten hauptwohnsitze der Gauten in West- und Ost-Gautland sowol als gröstenteils die der eigentlichen Svear um den Mälarsee sind nicht eigentliche gebirgsländer; Westgautland ist eine grosse, ziemlich hoch liegende ebene, wol mit einigen „bergen," aber keinesweges ein felsenland; Schweden ist uns indessen hier gleichgültig, indem alles darauf hindeutet, dass schwedische dichtung, inclusive sogar westgautische königs- und heldensage, dem norrönen stamm, jedenfalls der norrönen litteratur, fremd blieb). Ebenfalls rücksichtlich der vegetation ist der gegensatz zwischen Dänemark und Norwegen bedeutend (wogegen sich hierin der gröste teil Schwedens an Norwegen schliesst.)

Das blosse erwähnen von bergen ist nun natürlich nicht genug, um hier irgend welchen ausschlag zu geben. Auch die Dänen mögen sich das Jötunland (riesenland) als ein gebirgsland gedacht haben, so dass derartige vorstellungen nicht sofort hinreichen, um Dänemark die *þrymskviða* abzusprechen. Wenn die Helgakviða Hjörvarðssonar von Norwegen als von einem gebirgslande redet, beweist auch das an und für sich nichts, da auch ein Däne so von Norwegen reden würde. Auch „die felsen des Rheins" in der Völundarkviða und der Atlakviða werden

---

1) Muss wie die andern aus romanischen ländern hergekommen sein, obschon ursprünglich ein griechisches wort.

wol, so wie die hunischen ebenen (Atlakv. 13), auf kunde der wirklichen geographischen verhältnisse beruhen. Wenn aber in den Helgenliedern Dänemark und andere ostseeländer als ächte gebirgsländer auftreten, so ist das ein entscheidender beweis, dass diese lieder keine dänischen sein können; die norröne phantasie hat sich hier der, übrigens den Norwegern wolbekanten, wirklichkeit nicht erinnert, und statt derselben norwegische natur eingesetzt, was natürlich kein Däne getan hätte. Und wenn überhaupt in den liedern die gebirgsnatur einen offenbar norrönen character hat, darf dies als entscheidender beweis norröner phantasie gelten. Der ausdruck der Þrymskviða: *björg „brotnaðu"* bedeutet hier schon etwas, wie auch in der Lokasenna das *„fjöll" öll skjalfa*, indem in beiden fällen nicht nur der berg, sondern speciel der felsen, der steinberg hervortritt; der norrönen phantasie waren felsenspalten und herabgestürzte felsblöcke etwas alltägliches. Die alltägliche vertrautheit mit norröner gebirgsnatur blickt aller orten durch. Mit dem erwähnten „zerbersten der berge" und „erbeben der felsen" vergleichen wir ferner *grjótbjörg gnata* (Völusp.) „die steinberge stürzen." Der zwerg wohnte auch dem Dänen im „berge" (hügel); in diesen liedern noch specieller im „steine": *á ek undir steini stað* (Alvísm. 3), hinter der steinwand und der steinernen tür, aus der er herauskömt: *stynja dvergar fyr steindurum, reggbergs vísir* (Völusp.). In der einleitung zum Grímnismál, sowie auch im Hyndluljóð, wohnt die riesin im *hellir* (steinhöle), und die im Helreið Brynhildar kömt aus dem stein hervor (*brúðr ór steini:* 3) und hat ein auf dem gestein ruhendes gehöfte (*grjóti studda garða mína:* 1). Auch der Däne hätte vielleicht den Skirne über „berge" reiten lassen; die norröne phantasie lässt ihn (Skírnism. 10), und ebenso die söhne der Gudrun (Hamðism. 11), über „die nassen felsen" (*úrig fjöll*) ziehen (vgl. das *úrgar brautir* des Rígsm. und des Fjölsvm.), eine vorstellung, die offenbar dem westlichen abhange des norwegischen gebirges entnommen ist (und wol auch auf Island passt). Über die „reifbedeckten felsen" (*hélug fjöll*) reitet Sigurd (Fáfnism. 26), und ebenso Rígr jarl „den dunkeln weg über die reifbedeckten felsen" (Rígsm. 34). Im Grógaldr-Fjölsvinnsmál (falls man übrigens von diesem gedichte in verbindung mit den Eddaliedern reden kann) wird von zaubermitteln gegen „den frost auf dem hohen felsen" (*frost á fjalli há:* Gróg. 12) geredet; und in einem zusatze zu einer strophe im Hávamál (89) von der übeln aufgabe „auf dem tauenden felsen ein renntier[1] holen zu sollen" (*eða skyli haltr*

---

[1] Das renntier und der „weissbär" (Atlam. 18) wären wol die einzigen für uns hier nicht neutralen tiere der lieder, indem in jenen zeiten auch die vielen „ziegenheerden" dänischen verhältnissen nicht unangemessen sein möchten.

henda hrein í páfjalli). Dem Hávamál ist der reisende speciel ein über die felsen reisender (wo er durchnässt wird): *matar ok ráðu er manni þörf þeim er hefir um fjall farit* (str. 3: „essen und kleider sind dem manne nötig, der über den felsen gereist ist"); noch bezeichnender stellt str. 117 fahrt über fels und *fjord*[1] zusammen, was ja eben auf das norwegische küstenland passt: *á fjalli eða firði ef þik fara liðir, fástu at virði vel* („must du fahren über fels oder fjord, versieh dich mit nahrung wol"). Im ersten Helge-Hundingstöter-liede lassen Granmars söhne den Svipud und den Svegjud entlang „tauige täler und dunkle bergesabhänge" laufen (*dala döggótta, dökkvar hlíðir:* 46); und im zweiten klettert Gudmund in „steilen bergesklüften" (*brattar bergskorar:* 20), und laufen die ziegen vor dem wolfe erschrocken den felsen herab (*af fjalli:* 35). Einen am ehesten wol isländischen eindruck möchte wol die Hýmiskviða machen mit ausdrücken wie *hölkn* (steinland), *hreysi* (steinmassen), *holtriða hverr* (waldige bergschlucht), *hraunhvalir, hraunbúar* (bewohner der stein- oder lavamassen), *bergbúi* (bergesbewohner; von dem Œgir), *bergdanir* (bergesleute), *háfjall skarar* (des haares hochfels, d. i. haupt), nebst den *hreingálkn*, entweder einer art unholde, die in ihrer gestalt zum teil renntier waren, jedenfalls irgendwie mit renntieren zu tun hatten, oder auch *kenning* (umschreibung) für wölfe (ungetüme, verfolger der renntiere); also jedenfalls eine norröne vorstellung. Die von der gebirgsnatur bedingten *fosse* (wasserfälle) geben gleichfalls anlass zu bildern, die ein gar undänisches gepräge haben. So fängt, in der einleitung zum zweiten Sigurdsliede, Otter den lachs im fischreichen *fosse;* und in str. 2 sagt der von Loke im *foss* gefangene hecht: *margan hefik fors um farit* („durch manchen *foss* bin ich gedrungen"); wie ja auch in der erzählung in der Snorra-Edda von der gefangennehmung Lokes dieser als lachs zwischen dem meere und dem *foss*[2] auf und ab schwimt. Und nun gar das gemälde in der Völuspá von der nach dem Ragnarök verjüngt emporsteigenden erde; wie stellt sich die dem auge des dichters dar? „Es fallen *fosse*, über denen der adler schwebt, zwischen felsen fischend" (*falla forsar, flýgr örn yfir, sá er á fjalli fiska veiðir*). Auch das Skírnismál hat über den adler einen der dänischen phantasie ungeläufigen ausdruck, in dem *ara þúfa* (27), das die felsenspitze bezeichnet, wo sich der adler zu setzen pflegt; in Dänemark setzt er sich auf die höchsten baumgipfel, indem ihm hier die erde keine hinlänglich hohen sitzplätze darbietet.

---

[1] Langer schmaler meereseinschnitt.
[2] Also einem, der zu hoch oder zu steil war um entweder hinüber zu springen oder hindurch zu dringen. Die kleineren oder sanfteren halten den lachs nicht auf.

Die dänischen wälder sind buchenwälder; doch gibt es eichenwald, und vormals war die eiche häufiger als jetzt. Noch sparsamer finden sich andere laubhölzer: birken, espen, eschen, ulmen usw. Nadelhölzer fehlen durchaus und fehlten wol schon vor dem „broncealter"; was man jetzt von solchen antrifft, ist alles in neuester zeit angepflanzt worden. Auf der skandinavischen halbinsel wächst die buche sehr wenig ausserhalb der provinzen Schonen, Bleking und Halland,[1] nämlich, obschon mit geringer verbreitung, in Götarike, und ausserdem an ein paar orten im südlichen Norwegen in der gegend am Christiania-fjord. Längs der norwegischen westküste fehlt sie durchaus. Die laubwälder Schwedens und Norwegens bestehen meist aus birken. Nächst der birke ist die espe das verbreitetste laubholz. Eichen sind recht häufig. Linden, ulmen, ahorne, eschen, wilde apfelbäume usw. wachsen, wie in Dänemark, sparsamer, und nicht in nördlicheren gegenden (in Norwegen ungefähr in der einen hälfte des landes). Die nadelhölzer, nämlich *gran* (fichte) und *fyrr* oder *tall* (kiefer) haben das übergewicht über die laubhölzer. Die fichte ist jedoch in einem grossen teile Norwegens unhäufiger, und fehlt fast durchaus im ganzen Bergenstift, und überhaupt längs der küste des oceans südlich des 62. grades; ist ja auch ein dem menschen unwichtigerer baum als die kiefer. Als brennholz dienen besonders die kiefer und die birke (in Dänemark aber die buche). — Die betreffenden verhältnisse nun in den Eddaliedern deuten entschieden auf die skandinavische halbinsel, und wol besonders auf die südlichere hälfte der norwegischen westküste, indem die buche und die fichte (*gran*) nicht vorkommen, dagegen ungefähr alle andern norwegischen hölzer,[2] so mehrmals die kiefer, und als brennholz diese und die birke (Völundarkv. 9. Gudrkv. II. 12), doch bei der verbrennung einer fürstlichen leiche ein scheiterhaufen von eichenholz, als kostbarer und vornehmer (Gudrhv. 20); ferner als gewöhnliches material zum dachdecken die birkenrinde (*næfr*: Hávam. 59), welches auf Dänemark nicht passt, indem einerseits die birke viel zu unhäufig ist, um hiezu das gewöhnlichste material abgegeben zu haben, andrerseits heidekraut und stroh nicht (wie letzteres in Skandinavien) zu kostbar für solchen gebrauch war. Unter den erwähnungen der kiefer wäre noch besonders hervorzuheben Hávamál 49: *hrörnar pöll sú er stendr porpi á, hlýrat henni börkr né barr* („es verdorrt die kiefer, die auf dem hofe steht; nicht rinde noch nadeln schützen sie"), weshalb ihr der freundlose mann verglichen wird. Diese kiefer also ver-

---

Die Knýtlingasaga erwähnt die buchen- und eichenwälder Hallands.

2) Die meisten bleiben ja neutral, nur nicht die nadelhölzer, die buche, noch auch die birke, falls diese als ein vorherschender baum auftritt.

kümmert, weil die andern kiefern umher weggehauen sind. Das passt schlecht auf Schweden und die innern teile Norwegens, indem die wenig empfindsame kiefer daselbst auch ohne den schutz anderer bäume gedeihen kann. Es wird diese stelle nur auf die äussere, den winden des oceans am meisten ausgesetzte westliche küste Norwegens passen.

Auch aus dem ackerbau hat das Hávamál etwas charakteristisches, nämlich (str. 87): *akri ársánum trúi engi maðr, né til snemma syni* („dem frühe besäten acker traue niemand; so auch zu früh nicht dem sohne"). In Norwegen (und einem grossen teile Schwedens) kömt die frühlingssaat freilich bestimt genug hervor, wächst auch empor, ist aber danach der grösten gefahr ausgesetzt, indem der oft schon zur erntezeit oder vor derselben eintreffende frost alles verderben kann. Sehr zutreffend sagt dies sprichwort daher: „so auch zu früh nicht dem sohne." Uns Dänen fällt das treffende weg, und steht die strophe in bedeutungsarmer unbestimtheit da, indem bei uns die frühlingssaat nur geringer gefahr ausgesetzt ist, speciel nicht der erwähnten vor dem reifwerden, wol aber natürlich dem schaden durch hagel und zu schweren regen, der ja aber ebensowol die wintersaat trifft. — Im Harbardslied (3) nent Thor als seine kost auf der reise „häringe und hafer." Die häringe passen eben so gut zum seeländischen und schonischen küstenlande am Öresund als zum norwegischen, und die hafergrütze ist [1] ebensowol schwedische als norwegische alltägliche kost des gemeinen mannes; aber eben beides zusammen möchte man wol den norrönen indicien zuzählen. — Als das gewöhnliche korn nent übrigens das Alvíssmál die gerste (zum bier und zum brod angewendet; vgl. *lagastaf* und *æti*). Roggen [2] wird in den liedern nicht erwähnt, auch sonst sehr wenig in isländischen schriften, wol aber, nebst weizen, in den alten norwegischen gesetzen. Der weizen kömt in der Sæmundar-Edda nicht vor; dagegen aber im Rígsmál, jedoch nicht als auf dem felde wachsend, sondern als dünnes „flachbrod" (neben dem weine) auf dem tisch bei „Jarls" vater, d. h. in den vornehmsten und reichsten häusern. Die sagas erwähnen die starke einfuhr von weizen aus England. Andere in den liedern erwähnte gewächse (als heidekraut, gras, lauch) sind neutral.

Es ist zu bemerken, dass die den verfassern der lieder vorschwebende vegetation nicht blos die isländische ist, indem die mehrzahl der genanten bäume auf Island nicht gedeiht (wogegen getreidebau vormals auf Island gelingen konte). Falls unter diesen liedern isländische bearbeitungen norwegischer poesie vorkommen, hielten also die Isländer die

---

1) Wenigstens in ärmern gegenden in Schweden, so in Wermland.
2) In Dänemark ist bekantlich der roggen das hauptnahrungsmittel.

ihnen so vertrauten norwegischen verhältnisse fest, indem sie sich gewöhnlich erinnerten, dass keins dieser lieder auf Island spielte. Von der im südlichen Norwegen vorkommenden schmarotzerpflanze *mistilteinn* begegnet uns eine gegen autoptische kentnis derselben zeugende erwähnung, wovon später.

Ausserhalb der vegetation kömt wenigstens eine speciel isländische vorstellung vor, nämlich im *hvera lundr* der Völuspá; *hverr* (kessel) ist benennung der heissen quellen auf Island; das *hvera lundr* (wo Loke gebunden liegt) bezeichnet einen ort voll derselben, beweist also eine isländische weiterbildung des „vulcanischen" mythus von dem gebundenen Loke,[1] und stempelt die Völuspá als ein isländisches lied. — Gletscher sind ja in Norwegen und Island sehr häufig, aber natürlich in Dänemark (und den alten wohnsitzen der Gauten und Schweden) unbekant, weshalb *jökull*, welches in der isländischen litteratur eismasse jeder beliebigen grösse bezeichnet, in den entsprechenden dänischen und schwedischen (jetzt nur provinciel vorkommenden) formen *egel*, *ikkel* nur eiszapfen bedeutet. Dies *jökull* nun steht zweimal in den Eddaliedern, und man ist darüber sehr uneinig, wie grosse eismassen es daselbst bezeichne. Die eine stelle ist Hýmiskv. 10: *gékk inn í sal, glumdu jöklar; var karls er kom kinnskógr frerinn* („er, der riese Hyme, gieng in den saal; es erdröhnten die *jöklar;* der „backenwald" des hereinkommenden alten war gefroren"); die *jöklar* hier verstehen einige von eiszapfen entweder am gefrornen backenbarte oder draussen am dache; in beiden fällen scheint mir das *glumdu* unpassend; *glymja* bezeichnet in den liedern einen gewaltigen, die sinne erschütternden laut; es ist den umständen weit angemessener, an die riesigen eiszapfen des felsigen riesensaales, an die dröhnenden eis- und schneegletscher zu denken, was auch darin eine stütze findet, dass dieser riese nicht eigentlich *Hýmir*, sondern *Ýmir* hiess; *Ýmir* ist aber „der dröhner." *Hýmir* war ein anderer riese, mit dem Thor bei einer andern gelegenheit es versucht den mittelgartswurm (*Midgardsormr*) zu fangen. Die verwechselung der beiden namen lässt sich schon in der aufzeichnung der erzählung bei Snorre bemerken, hat aber in diesem offenbar sehr späten und dem Snorre unbekanten liede zur zusammenschmelzung der beiden mythen geführt. Bei der andern stelle, Sigurdkv. III, 8, möchten die gletscher zweifelhafter sein, scheinen mir jedoch auch hier den angemessenern sinn hervorzubringen. Es heisst: *opt gengr hón innan ills um fylld ísa ok jökla aptan hvern*, wo *ísa* und *jökla* sowol genitiv als accusativ sein

---

[1] Es könte übrigens überhaupt das vulcanische dieses mythus von den Isländern herrühren.

könte. Im erstern fall ist der sinn: „oft geht sie (Brynhild) mit bösem, mit eismassen und eiszapfen, im innern angefüllt, jeden abend," wo das bild sich ferner so variieren lässt, dass ihr inneres entweder einer wilden felsengegend voller eis und gletscher, oder auch einem mit eismassen angefüllten meere [1] verglichen würde, so dass diese erstere construction nicht eben an die bedeutung „eiszapfen" gebunden wäre. Ich ziehe aber, mit Lüning und mehrern andern, hier die accusativische construction vor: „oft wandert sie, im innern mit bösen gedanken erfüllt, über eisfelder und gletscher, jeden abend," ein bei weitem natürlicherer gedanke, wie wir denn wol auch voraussetzen dürfen, dass die sage sie nicht jeden abend hätte wandern lassen, ohne zu wissen, wo sie wanderte. Bei dieser letztern erklärung würden wol übrigens die gletscher und eismassen alpengletscher sein, und könten somit schon der deutschen sage angehört haben, würden sich aber natürlich leichter in norröner als in dänischer überlieferung erhalten haben.

Sociale verhältnisse,[2] die uns hier fingerzeige geben könten, sind in den mythischen liedern nicht wol zu erwarten.

Die heldenlieder haben hie und da etwas, das auf gar verdächtige weise an das christentum erinnert. Das Sigrdrífumál rät von rache an verwanten ab, weil nach dem tode verzeihen heilsam werde (*þat kveða dauðum duga:* 22), und spricht von begraben im sarge (34: *áðr í kistu fari*; und doch gleichzeitig im hügel); obendrein mit der wunschformel, es möge der tote „selig schlafen" (*ok biðja sælan sofa*). So verspricht auch im Atlamál Gudrun dem sterbenden Atle einen „gemalten sarg" und ein „gewächstes tuch" für seine leiche (101: *kistu steinda, vexa vel blæju*; und doch gleichzeitig die leiche in ein schiff zu legen![3]). Das Grógaldr-Fjölsvinnsmál spricht geradezu von einem „christenweibe" (*kristin dauð kona:* Gróg. 13).

Auf die eigentliche wikingzeit weist im 2. Gudrunenlied (16) der „kampf südlich in Fife" (*suðr á Fíri*) in Schottland, wo „südlich" zugleich einen norrönen standpunkt verrät. Nicht letzteres, wol aber die beziehung auf die wikingzüge würde durch die correctur *suðr á Fjóni* (südlich in Fünen) wegfallen.[4] Auch durch die Helge-Hundings-

1) Vgl. *land ísa* als umschreibung des meeres, und *jökulgangr* von dem treiben der eisberge und eisschollen.
2) Vgl. Maurer in dieser zeitschrift II, 443.
3) Das schiff und die *kista* muss sie „kaufen," kann aber das tuch wol selbst wachsen.
4) Was Bugge (s. 424) von der auffassung sagt, wonach man „von Schonen südlich nach Seeland, von Seeland südlich nach Fünen reiste," beruht auf einer ausschliesslich norrönen (für Dänemark durch die sprechweise Saxos widerlegten) vor-

töter-lieder, jedenfalls das erste, blickt der einfluss der grossen wikingzüge auf die dichtung hindurch, und zwar, wie mir (in abweichung von Lüning) scheint, noch weit entschiedener als durch das Atlamál str. 96 - 97. Es versteht sich, dass solcher einfluss der wikingzüge lange nach ihrer eigenen zeit fortdauern konte.

Das Hávamál ist isländischen verhältnissen unangemessen, indem es dem „königskinde" (*þjóðans barn*: 14) rat erteilt, der verfasser sich rühmt, mehr lieder zu wissen [1] als „des königs gemahlin" (*þjóðans kona*: 147), und malplacierte liebschaften als eine gewöhnliche veranlassung kent, „der rede des königs" in der volksversamlung (*þjóðans mál*: 115) nicht die gebührende aufmerksamkeit zuzuwenden, wie er sich denn überhaupt in seinen verhältnissen und seiner art als einen hofmann beurkundet, und zwar als einen, obschon wol etwas ältlichen, doch keineswegs überaus altertümlichen, falls wir nicht viel zu hohe begriffe von der einfachheit und sittenreinheit des fernen altertums haben. Das gedicht ist entschieden norrön, und entschieden für Norweger, nicht für Isländer gedichtet, wol zu einer zeit, als Norwegen schon ein reich war. — Das Rígsmál (um dies mitzunehmen) mit seinem vermeintlich aus dem Jarltum emporstrebenden kleinkönigtum, dem das stärkere und als ein fremdes bezeichnete dänische königtum, „Dans" reich (15), als nachahmenswertes muster vorgehalten wird, enthält eine zum teil theoretisierende betrachtung norwegischer standesverhältnisse, welche betrachtung, trotz ihres rückblicks auf die zeit vor dem Harald Schönhaar, auch ein Isländer hätte anstellen können. — Die socialen verhältnisse geben zum teil mehr aufschluss über das alter als direct über die heimat der lieder. Umgekehrt steht es mit den physischen.

Die besprochenen realverhältnisse, physische und sociale, geben indessen zusammen ein entschieden norrönes bild. Da die gedichte so kurz sind, kann jedes für sich natürlich hiervon nur wenig liefern, manche nichts. Die heldenlieder sind hieran reicher als die mythischen (doch nicht die Hýmiskvida und die Völuspá, die so wolversehen sind), am reichsten aber unter allen liedern das Hávamál, wie ja zu erwarten stand.

---

stellung, dass Jütland die südlichste dänische provinz sei, welche vorstellung dadurch aufgekommen sein wird, dass die norwegischen schiffer auf ihrem wege nach dem dänischen (und jütischen) haupthandelsplatz Hedeby (Schleswig) natürlich von norden her immer erst zwischen den dänischen inseln vorbei, und dann von diesen südlich nach Jütland kamen.

1) Genaue kentnis der mythologie bezeichnet er (160) als etwas ungewöhnliches!

Versuchen wir demnächst zu bestimmen, was, in bezug auf die uns vorliegenden fragen, dem **charakter** und andern **litterarischen verhältnissen** der lieder zu entnehmen wäre.

Bemerken wir im voraus, dass in der Vŏluspá die anwendung des *stef*,[1] und in einigen liedern die versification jüngeres stadium bezeichnet. Das Atlamál ist im *málaháttr*[2] abgefasst, so auch, obschon mit nicht so strenger durchführung, die Atlakvida, wie auch ferner im Hamdismál diese jüngere abart des epischen *fornyrdalag* stark auftritt, übrigens in allen drei liedern so unangenehm stolpernd und tactlos, dass unser ohr kaum verse vernimt. Ein gar unantikes potpourri ist die regellose, an keine strophenform gebundene vermischung verschiedener versarten im Hárbardsljód. Endlich ist auch die straffere (der art des Ynglingatal[3] sich etwas annähernde) behandlung des achtzeiligen *fornyrdalag* in der Hýmiskvida gleichfalls zeichen nicht sehr alter zeit. Es versteht sich, dass diese lieder sich nicht hiedurch sofort als die jüngsten beurkunden, indem ja die beiden alten reinen formen, das ächte achtzeilige *fornyrdalag*[4] und der *ljódaháttr* fortbestanden, wie das auch schon das Sólarljód, das Grógaldr-Fjölsvinnsmál und verse in mehreren Fornaldarsögur bezeugen.

Auch der **stil** jener fünf Eddalieder deutet auf späte zeit, der im Harbardslied durch eine, übrigens ungleichmässig verbreitete annäherung an die art der täglichen rede zur zeit des verfassers, der in den vier andern hingegen vorerst durch seine gesuchte, gekünstelte, nach dem ungewöhnlichen strebende art. Es stellen sich hier, wie in der versification, die beiden Atlenlieder und auch das Hamdeslied näher an einander, so auch darin, dass das künsteln eine gewisse annäherung an prosa, jedoch anderer und schwerfälligerer art als im Hárbardsljód, nicht ausschliesst; während das Hymeslied auch wider hier mehr für sich steht. In andern liedern tritt kein so decidiert durchgeführter moderner stil auf. Indessen stehen sie sich keinesweges ganz gleich. Namentlich

---

1) Siehe hierüber Möbius in dieser zeitschrift bd. I s. 410, 435.
2) Wo die vier hebungen regelmässig alle überall ausgefüllt sind, die vierte gewöhnlich nur mit einem nebenton.
3) Die in meiner metrik (s. diese zeitschr. II, s. 142, 146) geäusserte vermutung, dass das abgestumpfte *fornyrdalag* (wie im Ynglingatal und Háleygjatal) unter die benennung *galdralag* mit hingehöre, ist zu unsicher. Aus einer papierhandschrift des Háttatal ersehen wir bestimt nur, dass der vorletzten strophe daselbst (ljódaháttr mit kehrversen) der name *galdralag* im 17. jahrhundert beigelegt wurde. Ob dieser name auch auf die letzte strophe (abgestumpftes *fornyrdalag*), der kein neuer beigelegt ist, zu erstrecken sei, ob man also zwei arten *galdralag* anzunehmen habe, ersieht man nicht.
4) Bisweilen *Starkadarlag* genannt; auch *kriduháttr*?

möchte ich das prätentiöse erste lied von Helge dem Hundingstöter als unantik bezeichnen, so auch verschiedenes in andern heldenliedern, und nicht ganz weniges in der Völuspá, so zum teil die strophen von Balder und Loke und von dem letzten kampfe.¹ Den reinsten stil haben die mehrzahl der mythischen lieder und die Völundarkvida. Ich werde später meine gründe geben, die Vegtamskvida für eins der allerjüngsten lieder zu halten, obgleich der stil keinesweges modernerer ist als der so vieler anderer. Denn es versteht sich, bewahrung alten epischen stiles, die ja begabtern dichtern auch später gelingen konte, beweist nicht sofort höheres alter. Das alter der lieder ordnet sich nicht ohne weiteres nach dem stil.

Dies gilt auch in bezug auf eine specialität des stils, die umschreibungen, *„kenningar."* ² Es versteht sich übrigens, dass es umschreibungen gibt, die jedem zeitalter angemessen sein möchten. Es wird wol auch schon in den fernsten zeiten natürlich gewesen sein, z. b. das schiff durch „seehengst," oder das meer durch „wogenstrasse" zu bezeichnen.³ In allen sprachen werden wol manche *nomina propria* zusammensetzungen sein, die innerhalb des isländischen begriffes *kenning* fallen. Es gibt unzählige umschreibungen, z. b. solche wie „Odins sohn," „Friggs mann,"⁴ welche natürlich erst dann als *kenningar* auftreten,. wenn anhäufung derselben bewustes vermeiden directer benennung kund gibt. Die norrönen dichter trieben bekantlich die lust zum umschreiben bis ins enorme, jedoch nicht in allen dichtarten, sondern nur in denjenigen, wo sie auch den reim anwendeten (*dróttkvædr háttr* und *runhenda* ⁵), auch in der jüngern abgestumpften abart des *fornyrdalag* (wie im Ynglingatal); dagegen regelmässig nicht im epischen stile, und besonders nicht in den beiden uralten versarten (der epischen achtzeiligen und der dialogischen sechszeiligen ⁶). Anhäufen und künsteln der *kenningar* hat sich also eben ausserhalb dieser beiden antiken dichtarten entwickelt, so dass sich die Eddalieder keineswegs schon aus der ursache, dass sie viel weniger *kenningar* haben und das enorme zusammenpacken

1) Str. 37, 38, 39, 53, 54 bei Lüning; 37, 39, 40, 54, 55 bei Möbius.

2) Nicht alles, was wir umschreibung nennen mögen, ist „*kenning*."

3) Aber natürlich gibts weitere variationen solcher bilder, die späteres stadium bezeichnen, z. b. *flotbrúsi* (fliessbock), *hlunngoti* und *hlunnvigg* (schiffsrollenhengst), *seglvigg* (segelross), *stagstjörnmarr* (rudertau-lenkungs-pferd).

4) Aber *Friggjar angan* ist schon an und für sich künstelnde bezeichnung.

5) Denselben also, wobei man, sowol wegen der grössern schwierigkeit, als wegen ihrer eigenschaft als loblieder auf mächtige männer, überlieferung des verfassernamens für wichtig hielt.

6) Der *málaháttr* bringt in Eddaliedern nicht merkbar häufigere anwendung der *kenningar* mit sich, namentlich nicht im Atlamál. Die Atlenlieder sind ja auch in eminentem grade episch. Anderwärts kömt decidierter *málaháttr* wenig vor.

derselben vermeiden, in eine viel ältere zeit als die der speciel sogenanten „Skaldenpoesie" hinstellen könten. Es dienen uns hier wider das Sólarljód, das Grógaldr - Fjölsvinnsmál und andere anerkantermassen sehr späte producte (so auch unter den Eddaliedern das Atlamál, auch das dritte Gudrunslied, über deren späte entstehung fast alle einig sind) zum sichern masstab, und zum unwiderleglichen beweis, dass man auch in dieser beziehung die dichtarten wol zu unterscheiden hat, dass es ganz unkritisch wäre, dieselben in einen haufen zusammenzuwerfen und wegen der *kenningar* z. b. die gedichte in der Egilssaga oder das Ynglingatal sofort für jünger als sämtliche Eddalieder zu erklären. Dagegen innerhalb ein und derselben dichtart, innerhalb der eddaliedersamlung selbst, kann auch der gebrauch dieser umschreibungen etwas zu bedeuten haben. Es haben die *kenningar* der Eddalieder nicht eben ein sehr altertümliches, primitives gepräge, das über die „Skaldenpoesie" hinaus zurückdeuten könte, sondern vielmehr zum grossen teil eben ein solches, dass wir mit fug annehmen können, sie seien aus der manier einer den verfassern geläufigern dichtart in diese antikern dichtungsformen eingedrungen, wo sie, meinem gefühle, im ganzen genommen recht geschmacklos, unmotiviert und klotzig dastehen. Obschon ich einräume, dass umschreibung und indirecte bezeichnung gewissermassen aller poesie zugehört, würde ich doch nicht der epischen poesie „des ältern und mittlern eisenalters" solche abgeschmacktheiten zutrauen, wie z. b. „fliessbock" (*flotbrúsi*) für schiff, „zweigverderber" (*sviga læ*) für feuer, „kampfbaum," „kampfapfelbaum" (*hildimeidr, rógapaldr*) oder gar „apfelbaum des panzergedinges" (*brynþings apaldr*) für kämpfer, „fusssohlenzweig" (*ilkvistr*) für zehe usw. Es ist hiebei von gewicht, dass bei weitem nicht alle Eddalieder mit dergleichen wol versehen sind. Es gibt eine anzahl derselben, die der eigentlichen *kenningar* fast gänzlich entbehren, nämlich die meisten götterlieder, das Hávamál und die Völundarkvida [1] (so auch das Rígsmál). Unter den götterliedern haben nur die Völuspá [2] und noch weit mehr die Hymiskvida [3] stärkeren hang zu

1) Doch *herdaklettr* (Lok. 57), *heimis haugar?* (Hárb. 44), *alfrödull* (Skirn. 4 Vafþr. 47); *jötna regir* (Háv. 106). — Das *þjódritnis fiskr* (Grímn. 21) und das (*þjódár* oder) *þorp meyja mögþrasis* (Vafþr. 49) stehen wol in interpolierten, und von derselben hand interpolierten strophen.

2) *sviga læ, aldrnari, galgvidr? (gagl-?), valdýr, moldþinurr; veggbergs risir?; Fenris kindir?* (nämlich falls diese wölfe eben nicht vom Fenre stammen). — *hredrungs mögr, yggjungr ása, Friggjar angan, mögr Hlódynjar, Fjörgynjar burr, Midgards véurr, bani Belja, Baldrs andskoti, bródir Býleists, Ods mey,* u. a., welche durch die anhäufung den neutraleren charakter verlieren.

3) *háfjall skarar, hátún horna, hjalmstofn, hlunngoti, flotbrúsi, lögfákr, brimsvín, vínferill, ölkjöll, lögvellir, kinnskógr, hollrida hverr, mögr miskorblinda,*

diesem putze; abgesehen davon, dass das Alvíssmál wesentlich eben nur
ein verzeichnis von *kenningar* und andern *heiti* (dichterischen benennungen) ist. Die heldenlieder über den Nibelungen-sagenkreis sind mit
kenningar, und zwar grossenteils recht geschmacklosen und sehr unprimitiven [1] ausgeputzt. Die zahl lässt sich verschieden berechnen, steigt
aber in diesen heldenliedern mindestens weit über 100 hinauf, wovon
freilich fast ein viertel auf das jüngere (1.) lied von Helge dem Hundingstöter komt. Nicht' eben am ärmlichsten versehen sind solche lieder
(oder bruchstücke), welche doch sonst im vergleich mit andern dieses
kreises ein weniger unprimitives gepräge tragen, so das zweite Helge-
Hundingstöter-lied, das zweite Sigurdslied, auch Fáfnismál,[2] in deren

*gýgjar grœtir, brjótr bergdana, hafra dróttinn, þurs ráðbani, orms einbani, Sifjar
verr, Yggs barn, Hrungnis spjalli, áttrunnr apa, ulfs hnitbróðir, umgjörð allra
landa;* nach Bugge ferner *hreingalkn* (für wolf) und *eitrormmeiðir* (39) „giftwurmverderber" (für winter).

1) So *eggleiks hvötuðr, naddéls boði, dafa Darraðr, dolgrögnir, brynþings
apaldr, hildimeiðr, hrottameiðr, dolgveiðr, hvassa vápna hlynr, skjaldar börr, hialmstafr, auðstafr, hringdrifi, geirmimir, geirnjörðr, geirniflungr, hjalmgunnar* (kein
eigenname); *feikna fœðir; vár gulls, hörgefn, menskögul, mörk menja, linnrengis
bil; stagstjórnmarr, hlunnrigg, seglvigg, seglmarr; rakka hjörtr; vefnisting; hliðfarmr Grana, eldr ormbeðs, ógnar ljómi, lindar logi; lindar váði, herr als viðar;
benlogi, benvöndr; ilkvistr; móðakarn; skókr bituls; hölkvir heilbedjar?; grœti
alfa; Gunnar systra gögl; langr lyngfiskr lands Haddingja; Kolgu systir; Mistar
marr; neit Menju góð?; gránstóð Griðar; hala sker?; Hugins barr, hrafns hrœlundir?* usw. (Vgl. auch *heiti* wie z. b. *gylfi, œgir*). Das meiste hievon ist noch
um ein bedeutendes unprimitiver als die angelsächsischen *kenningar* (J. Grimm meint
mit recht, diese seien im ganzen frischer und kräftiger als die nordischen). Andrerseits finden sich in den eddischen Nibelungenliedern auch minder gesuchte, der unmittelbaren anschauung näher verwante umschreibungen, z. b. *hringbroti, rógmarr,
valstefna, ljörþing*. Oft aber wird eine scheinbar bescheidnere *kenning* doch im
contexte anstössig und abgeschmackt, so z. b. das insipide *skíðjárn* (scheideeisen,
d. i. schwert: Hamd. 16), *vandstyggr* (Atlkv. 13, falls es mit Bugge als bezeichnung für pferd zu nehmen ist), *sverða deilir* (ib. 36; ganz unmotiviert). Gelegentlich häufen sich mehrere synonyme hervorstehend zusammen, so in II Sig. 16—17
fünf für schiff; so auch in Fáfn. 36 *hildimeiðr* und *hers jaðarr*. Natürlich gibts hier
auch umschreibungen, die, ohne auf unmittelbarer anschauung zu ruhen, doch ganz
einfach sind, wie z. b. *Œgis dóttir, bani Fáfnis*, usw.

2) Ebenso die nicht zu diesem kreise gehörende Helgkv. Hjörv. mit *rógapaldr*
und *vignesta böl*, ausser dem etwas gemässigtern *folks oddviti*. — II Helg. Hund.:
Gunnar systra gögl, gránstóð Griðar, nebst den erträglichern, wie *folks oddviti,
folks jaðarr, sárdropi, valdögg* u. a. — II Sig.: *lindar logi*, und in zwei strophen
zusammen folgende fünf, die an und für sich nicht alle zu den ärgern gehören:
Rœvils hestr, seglvigg, rógmarr, sætré, hlunnvigg; in einem vielleicht jüngern stück
(19—25) stehen *hrottameiðr, hjalmstafr*, nebst den weniger prätentiösen *systir Mána,
hjörleikr*. — Fafnism. hat in wahrscheinlich ältern stücken *eisköld, hildileikr, spil-*

zum teil sehr gekünstelten *kenningar* ich indicien sehe, dass sogar die weniger unantiken unter diesen heldenliedern einem späten stadium angehören. Man vergleiche sowol wegen der umschreibungen als wegen des stils überhaupt die im reinsten epischen stile gehaltene *prymskvida*, und man wird den unterschied fühlen. Wie schon oben angedeutet, ist das in andern beziehungen so überaus unantike Atlamál verhältnismässig sehr frei von diesen umschreibungen.[1]

Betrachten wir, in bezug auf die vorliegende frage, die **heldenlieder** specieller.

Unter denselben ist das erste, die **Völundarkvida**, das antikste, einfach episch, wie es heroische dichtung auf primitivem stadium sein müste. Natürlich braucht antikere form nicht sofort weit höheres alter zu beweisen. Es scheint mir wol, als ob man ein excerpieren aus einem ältern liede hindurchhört. Die erste strophe ist von einem kräftigen poetischen hauche belebt, was man nicht eben dem ganzen gedichte nachsagen kann. Der ton ermattet sogleich. Poesie hohen ranges ist es überhaupt nicht, und möchte dennoch unter den eddischen heldenliedern in ästhetischer beziehung beinahe den vorrang behaupten (doch jedenfalls nicht vor dem letzten abschnitt des zweiten Helge-Hundingstöter-liedes, demjenigen, der von der zusammenkunft der Sigrun mit dem toten handelt). Zur frage über norrön oder nicht norrön enthält das Wölundslied in form, stil, charakter und in beziehungen zu andern sagen oder liedern, kaum irgend etwas entscheidendes. Ich kann also rücksichtlich dieser frage nur auf den oben erwähnten nicht-dänischen gebrauch von kiefernbrennholz verweisen.

Das nächste lied, die **Helgakvida Hjörvardssonar**, ist ganz unbedenklich für ein norrönes zu erklären. Der held ist im liede ein Norweger, und die sage (meines wissens) überdies auch nicht einmal ausserhalb der norrönen litteratur widergefunden. Obschon form und darstellung von primitiverer art ist als in den meisten der folgenden heldenlieder, liegt doch in diesem liede eine sehr späte sagenformation vor, indem die besungenen taten meist in südlicheren, sogar deutschen ländern vor sich gehen, eine erweiterung des schauplatzes, die ein-

---

lir bauga, fjörsegi; in einem willkürlichen einschiebsel (12—15) *hjörlögr;* in einem vielleicht jüngern stück (34—39) *hildimeidr, hers jadarr;* und in einem unbedenklich jüngern (40—44) *ögnar ljómi, lindar rádi, hörgefn.*

[1] Doch *börr skjaldar* und *ilkristr*. Hiebei ist zu erinnern, dass es das längste dieser lieder ist. Auch über spätes alter der III Gudrkv. ist man einverstanden; sie enthält nur die bescheidnere umschreibung *herja stillir*, ist aber so sehr kurz (10 strophen).

fluss sowol der Wikingzeiten als der eingeführten nicht norrönen sagen bezeugt. — Dass die eine der beiden eddischen Helge-sagen der andern mehreres entlehnt hat, liegt am tage (vgl. Eylimi, Sigarr, Sigarsvellir, Frekasteinn, Varins-vík oder -fjördr, und die behauptung, „Sigrun sei die widergeborene Schwaba."¹) Da diese gemeinsamen züge der einheimischen dänischen, von Saxo bewahrten sage von Helge dem töter Hundings und Hödbrodds fremd sind, gehören sie vielleicht ursprünglich der norwegischen von Helge Hjörwards sohn an, könten jedoch zum teil auch mit der deutschen Wölsungensage hereingekommen sein, in welchem fall wol gegenseitige einwirkung der beiden Helgesagen anzunehmen wäre.

Die lieder über den Nibelungen-sagenkreis, d. h. die übrigen 17 heldenlieder der „Sämundar-Edda," sind samt und sonders gleichfalls für norröne lieder zu erklären.

Wie früher erwähnt, veranlasst uns die sagengeschichte Saxos anzunehmen, dass die verschmelzung mit der Helge-Hundingstöter-sage und die nähere anknüpfung der Jörmunreks-sage (d. h. dritte heirat Gudruns, und Schwanhild als tochter Sigurds und Gudruns) norröne erfindungen seien. Die eddische formation der Helgensage würde Saxo genötigt haben, entweder die Wölsunge in die dänische heldensage hineinzufügen, oder den Helge aus derselben zu entfernen. Die in Norwegen importierte dänische sage von diesem könige und die deutsche von den Wölsungen müssen, wir können nicht sagen auf welchem wege, bei dem norrönen stamme verschmolzen sein. Die umgekehrte verwandelung, wodurch ein ursprünglich der Wölsungensage zugehörender held aus dieser sonst bei Saxo gänzlich fehlenden sage ausgeschieden und in die dänische königsreihe incorporiert wäre, hat alle wahrscheinlichkeit wider sich.² Hätte Saxo die wittwe Sigfrids und Etzels als mutter der Schwanhild und der „hellespontischen gebrüder" gekant, würde er keine ursache gehabt haben solches zu verschweigen, da es seiner dänischen sagengeschichte in keiner beziehung zuwiderlief. Er steht auch in der Jarmeriks-sage auf älterm boden als die Edda, indem er mit den deutschen quellen in nichtanknüpfung dieser sage an die Nibelungensage übereinstimt. Es existiert nichts, was uns zu einer so gewagten hypothese bringen sollte, wie diejenige es wäre, die dänische sage sei bei Saxo zwei mal zu dem ursprünglichern stadium zurückgekehrt. Wir können, obschon hier nicht von mathematisch zwingenden beweisen, sondern nur

---

1) Siehe prosaschluss der Helgkv. Hjörv. und drittes prosastückchen in Helg. Hund. II.
2) Saxo identificiert ihn mit Helge, dem vater Rolf Krakes; ob diese identification unursprünglich ist, bleibt eine frage für sich.

von natürlicher, ungezwungener ordnung der data die rede sein kann, mit gröster zuversicht behaupten, beide verschmelzungen seien norröne formationen. Somit wären denn fürs erste die beiden ersten und die beiden letzten [1] dieser 17 lieder schon wegen der sagenformation für norröne zu halten. Und der samler (so wie ferner auch der verfasser der Völsungasaga) hat keine diesen verschmelzungen widerstreitende darstellungen gekant, da er solches zweifelsohne notiert hätte, indem er ja so ausdrücklich den widerspruch der lieder über Sigurds tod hervorhebt. Dass nun diese verschmelzungen am anfang und am ende der sage auch in dem dazwischenliegenden teile, d. h. in der darstellung der hauptsage selbst, hervortreten sollten, wäre auch dann nicht notwendig zu erwarten, wenn diese dazwischenliegenden lieder jünger als die verschmelzungen wären, und wäre unmöglich in correct überlieferten liedern, die älter als die verschmelzungen wären. Die geschichte mit den Hundingssöhnen reicht aber in der Edda in die geschichte Sigurds selbst hinein und kömt erst in den beiden ersten Sigurdsliedern zum abschluss.[2] Die geschichte von Gudruns dritter heirat, mit deren folgen (in verbindung mit erwähnung Schwanhildens als einer tochter Sigurds), ist im dritten Sigurdslied (str. 53 und 59—61) excerpiert, und ferner im Atlamál (str. 102) angedeutet, indem daselbst, in übereinstimmung mit dem Hamdeslied und dem dritten Sigurdslied, das mislingen des selbstmordversuches der Gudrun, und die verlängerung ihres lebens bis auf „ein ander mal" (wie es prägnant heisst) berichtet wird.[3] Also wären, meiner ansicht nach, schon wegen dieser beiden sagenverschmelzungen nicht weniger als 8 von den 17 liedern als entschieden norröne zu bezeichnen.

Ferner ist der inhalt des sonderbaren liedes Oddrúnargrátr, der überdies auch wider im dritten Sigurdsliede (str. 56) teilweise excerpiert wird, ausserhalb der norrönen litteratur unbekant, und unterliegt dem verdachte norröner erfindung, oder auch so später einführung aus Deutschland her, dass er durchaus nicht „gesamtnordisch" sein könte. Über

---

1) Helgkv. Hund. I und II, Guðrúnarhvöt, Hamdismál.
2) Gripisspá 9. Sigkv. II. 15 f. Ist auch in dem verlorenen liede erwähnt worden, wonach Völsungasaga cp. 25 erzählt wird (Fornaldarsögur I s. 180: *hann drap sonu Hundings konungs ok hefndi föður sins ok Eylima móður föður sins*).
3) Ob man recht hat Sörle und Hamde zu den „acht fürsten" des zweiten Sigurdliedes str. 5 zu rechnen (was noch einen beleg für die verschmelzung mit der Jörmunrekssage gäbe), ist mir nicht klar. — Dass in einem verlorenen liede sogar die anknüpfung der Ragnarssage sei belegt gewesen, lässt sich nicht mit sicherheit aus Völsungasaga cp. 27 folgern (Fornaldarsögur I s. 187: *dóttur okkar Sigurðar, Áslaugu, skal hér uppfæða með þér*).

sehr spätes alter dieses liedes ist man denn auch schon ziemlich einig. Ich bezweifle, dass es dänische altertumsforscher als ein „gemeinsamnordisches" oder als ein dänisches in schutz nehmen möchten. Diejenigen gelehrten, welche die Nibelungensage im norden als eine nicht entlehnte, und die lieder als nicht norröne, sondern „gesamtnordische" wollen angesehen wissen, sind darüber einverstanden, dass die anknüpfung der Dietrichsage eine später aus Deutschland hergenommene zutat sei, und werden schwerlich diese anknüpfung, oder überhaupt die Dietrichsage, schon „im ältern und mittlern eisenalter" (d. h. vor der eigentlichen Wikingzeit) im norden eingebürgert sein lassen, werden also dem dritten Gudrunslied kein hohes alter zugestehen. Die meisten reden von dem späten alter dieses liedes in einem tone, als ob sie es recht gern den Isländern schenken möchten. Aber auch das zweite Gudrunslied ruht auf der anknüpfung der Dietrichsage, indem die prosaeinleitung sagt, es enthalte die klage Gudruns im gespräch mit Dietrich, worin sich der samler nicht irrt, indem ja die übersicht, welche Gudrun hier, ältere lieder excerpierend, über ihr leben gibt, eben bis auf den zeitpunkt reicht, wo sie sich mit Dietrich soll unterhalten haben, wie es denn auch nicht leicht wäre zu erraten, an welche andere person als den Dietrich diese klage gerichtet wäre. Mir, der ich die Nibelungensage im norden nicht für so sehr alt eingebürgert halte, ist übrigens nichts im wege, die Dietrichsage und die Nibelungensage mit einander verbunden (und wäre es auch sogar mit solchen details versehen, wie denen des Oddrúnargrátr) nach dem norden gelangt sein zu lassen, indem ich das dem dritten Gudrunsliede (und von manchen auch dem Oddrúnargrátr) beigelegte späte alter auf die samlung überhaupt ausdehne.[1]

Oben, in den bemerkungen über „landesnatur," glaube ich dargetan zu haben, dass das Hávamál ein norrönes lied ist. Dies zieht

---

[1] Auch Sigurds tötung im freien (zweites Gudrunslied und *brot af Brynhildarkviðu*, oder wie Bugge es nent, *brot af Sigurðarkviðu*) sehen sich die nordischen gelehrten in der ärgerlichen lage für spätere deutsche zutat erklären zu müssen, während es meinem standpunkt gleichgiltig bleibt, ob es schon zwei deutsche versionen dieser begebenheit gegeben habe, und ob die tötung im bette (drittes Sigurdslied) deutsche version, oder variation deutscher version wäre (vgl. Hans Sachsens darstellung), oder aber, ob dies spätere norröne erfindung wäre; wie ich überhaupt jener künstelnden, verwickelten erklärungen überhoben bin, wonach eine menge einzelheiten (so ferner der schauplatz am Rhein, die deutschen völkerschaften, das entfliehen nach Dänemark als fremdem lande, usw.) spätere einmischung deutscher umdichtungen wären, indem solches alles mir nur einfach zeugnis für deutschen und gegen nordischen ursprung der sage überhaupt ist (ohne dass ich z. b. bei dem entfliehen nach Dänemark, die möglichkeit nordischer hinzudichtung zum deutschen bestand der sage zu läugnen brauche).

nun ferner das Sigrdrífumál mit sich, welches offenbar eine nachahmung ist der beiden letzten abschnitte des Hávamál, nämlich des *Loddfáfnismál* und des *rúnatalsþáttr* (zusammen str. 111 — 165), in umgekehrter ordnung, indem im Sigrdrífumál der *rúnatalsþáttr* (runencapitel) zuerst, die lebensmaximen zuletzt stehen. Dass eins der beiden lieder dem andern zum vorbild gedient hat, liegt am tage; und das Sigrdrífumál für das ältere zu erklären, wird um so weniger jemand einfallen, als es, wie oben erwähnt, so sehr deutlich von einem christen herrührt. Es ist das Sigrdrífumál [1] eben nichts als ein späteres experiment, ein versuch die frage zu beantworten, wie die in ältern epischen liedern erwähnten (aber schwerlich solcher weise ausgeführten) weisen und heilsamen lehren der Sigrdrífa möchten gelautet haben, wobei denn der verfasser, wenn er ein Isländer war, sehr wahrscheinlich kein anderes hinlänglich umfassendes vorbild haben konte als eben das Hávamál, obschon er in seinem *rúnatalsþáttr* (nämlich in den wenig zutreffenden strophen 14 — 17) vielleicht daneben andere ihm irgendwoher bekante *rúnatals*-strophen, und zwar ziemlich ungeschickt, möchte benutzt haben, während wider der schluss (str. 19) specieller an den schluss des Hávamál gemahnt. — Im zweiten Sigurdslied und im Fáfnismál sind mehrere sprichwörtliche strophen zerstreut, die ganz an die art des Hávamál erinnern, was ja aber nicht hinlänglich ist, um nachahmung desselben und entlehnung aus demselben bestimt zu behaupten, da sie eben, wie oft das Hávamál, allgemein gebräuchliche sprichwörter enthalten mögen; [2] so Fáfnism. str. 17, deren letzte hälfte mit der str. 63 des Hávam. zusammentrifft (*þú kann þat finnr, er með fræknum kemr, at engi er einna hvatastr*). Weniger sprichwörtlich scheint II Sigurdkv. str. 25, die an Hávam. str. 60 (*þreginn ok mettr* usw.) erinnert, und mir wol eine nachbildung derselben zu sein scheint, wie ja denn auch daselbst (in II. Sigurdkv.) ganze

---

1) Str. 6 — 37, wozu dann str. 2, 3, 4 passende einleitung wäre, wogegen str. 1 und 5 die letzten fragmente eines andern liedes sein werden, vielleicht desselben wol schon damals, ein par bruchstücke abgerechnet, nur seinem inhalt nach noch bekanten liedes, woraus der verfasser von Helreid Brynhildar (str. 6 f.) schöpfte, und welches direct oder durch vermittelung des Helreid dem dritten prosastück beim Sigrdfm. zu grunde liegt. — Es wundert mich indessen, dass Bugge (ausg. s. 416 und 423) dem einfalle beitritt, str. 6, 8, 9, 10 des Helr. aus diesem liede herauszunehmen, nnd in das Sgrdrfm. hinüber zu versetzen, als ob diese strophen mit dem Sigrdrfm. ein gedicht ausmachen würden. Man hat sich vielmehr im Sigrdrfm., nebst der prosa, auch str. 1 und 5 hinwegzudenken; dann eben bleibt ein vollständiges gedicht übrig(obschon es die handschrift nicht als besonderes gedicht bezeichnet, wol weil es die handlung nicht weiter führt).

2) Ebenso wäre es nicht notwendig, dass der verfasser der Sverrissaga die worte *fár er hvatr* usw. eben aus Fáfnism. str. 6 entlehnt hätte (vgl. Bugge s. 220).

fünf strophen unmittelbar davor stehen, die wie ein versuch in der manier des Hávamál aussehen.

Bei dem letzten teil des Fáfnismál ist zu bemerken, dass der samler der lieder daselbst nicht weniger als sieben vögel (*igður*) reden lässt, die nach diesem liede erzählende Völsungasaga[1] sechs, wogegen die kurze erzählung in der Snorra-Edda[2] nur von zwei vögeln weiss, die dann eben die beiden ersten von den im Fáfnismál stehenden strophen hersagen, wie auch das bild (aus christlicher zeit) auf dem schwedischen Ramsundsberg nur zwei hat,[3] dagegen das am portal der Hyllestad-kirche im Säterdal in Norwegen drei.[4] Dass es nur ein irrtum des samlers wäre, jede der sieben strophen einem andern vogel in den mund zu legen, scheint mir wenig plausibel. Er müste denn, ohne zu wissen was er tat, bruchstücke von zwei oder drei liedern zusammengeworfen haben. Es wäre doch wol einfacher, hier eine spätere und isländische formation dieses abschnittes der sage zu sehen, sich die sache etwa so zu denken, dass man aus älterer nur bruchstückweise bewahrter dichtung die beiden ersten strophen (32 und 33[5]) noch hatte, und in neuer behandlung des stoffes noch fünf vögelstimmen hinzudichtete (str. 34—38); ferner wären dann auch die fünf letzten strophen, die gleichfalls von vögeln gesprochen werden, neudichtung, und wol ursprünglich dann gleichfalls sieben, wovon zwei verloren wären, so dass die vögel zwei mal sieben strophen gesungen hätten, die ersten sieben aufmunterung zur tötung Regins, die letzten sieben prophetierende übersicht über Sigurds spätere schicksale. Snorre würde dann diese neudichtung entweder verworfen oder nicht gekant haben, falls man übrigens in so gedrängter erzählung wie der seinigen auf blosse nichterwähnung von einzelheiten gewicht legen will.

Dass die erste Sigurðarkviða (Grípisspá) eines der jüngern lieder in der samlung ist, darüber ist man ziemlich einig. Ich habe schon zu verschiedenen malen positive gründe angeführt, es speciel für ein norrönes zu erklären. Ich kann ferner Bugges meinung[6] beitreten, dass es speciel jünger ist als die so eben besprochenen Fáfnismál und Sigrdrífumál, indem die strophen 11—18 auf diesen beiden liedern, so wie wir sie jetzt haben, ruhen müssen, woraus ich also consequent zu folgern

---

1) Cap. 19 (Fornaldarsögur 1 s. 164), wo der inhalt einer strophe (37) fehlt.
2) In der Skalda. Kopenhagener ausg. I s. 358. (Egilssons ausg. s. 74).
3) Auf dem des Gökssten ist nur einer deutlich; aber es ist beschädigt und defect.
4) Vgl. in Bugges Eddaausg. s. 415.
5) Welche denn, als bruchstücke, nicht entscheiden würden, ob das ältere lied zwei oder drei gehabt hätte.
6) S. LXX und 415 in seiner ausgabe.

habe, dass die Gripisspá auf Island und von einem christen verfasst ist. Es sind die strophen 11—18 ein an misverständnissen leidendes excerpt aus den genanten beiden liedern, welche der verfasser so verstanden hat, als ob Sigurd einen besuch bei Gjuke früher als bei Sigrdrifa und Heime abzustatten hätte, und als ob Sigrdrifa und Brynhild zwei personen wären; wozu ihn eben jene beiden lieder verleiten konten, indem sie nicht ausdrücklich sagen, wer die Sigrdrifa sei, und in den schlussstrophen des Fáfnismál die heirat mit Gjukes tochter früher als die reise nach der felsenburg Sigrdrifas erwähnt wird, welchem verhältnis der verfasser der Gripisspá eine chronologische bedeutung beigelegt hat.

Rücksichtlich der in der handschrift den beiden Atleliedern beigelegten benennung „grönländisch" trete ich ferner Gröndals und Bugges [1] ansicht bei, dass dabei unmöglich an etwas andres als das amerikanische Grönland zu denken ist, welches ja am schluss des 10. jahrhunderts von Isländern colonisiert wurde, und zu anfang des 11. das christentum annahm. Bugge meint mit recht, dies epitheton *in grœnlendsku* möge sehr wol bezeichnen können: „in Grönland verfasst," und beruft sich dabei auf die bekanten (oben auch von mir erwähnten) indicien, dass das Atlamál von einem christen herrührt, nebenbei auch auf den „weissbären" der strophe 18 dieses liedes, welches er sich also als frühestens im 11. jahrhundert verfasst vorstellen wird, wie ja denn auch schon andre nordische gelehrte es als ein sehr spätes anerkant haben.[2] Aber entschieden muss ich Bugge widersprechen, wenn er diese benennung, wider das zeugnis der handschrift, auf das Atlamál beschränken möchte, weil es seiner meinung nach befremdend wäre, zwei grönländische lieder über dasselbe sujet zu haben. Im gegenteil, ich würde es befremdend finden, wenn nur das eine der beiden lieder ein grönländisches wäre. Sie stehen einander in character, stil, sprache, versification so nahe, und stellen sich in diesen beziehungen in so schneidenden gegensatz zu den liedern über die vorausgehenden teile der sage, dass man sich versucht fühlen möchte, sie für zwei zu verschiedenen zeiten gelieferte producte desselben mannes, oder für zwei concurrenzstücke über aufgegebenes sujet in aufgegebenem stil und metrum zu halten. Ich gehe noch weiter, und gestehe, dass es mich ein wenig befremdet, nicht auch das Hamdismál als ein „grönländisches" bezeichnet zu finden, obschon es nur in geringerem grade die characteristischen eigenschaf-

---

1) Siehe dessen ausgabe s. 433, vgl. 428 (292, 282).
2) Man kann dies so ausgedrückt finden, als ob dies das einzige gedicht in der samlung wäre, das nicht älter als die eigentliche wikingzeit wäre; es wird aber noch jünger sein.

ten, den ton und die färbung der Atlelieder zur schau trägt. Es wird
kein zufall sein, dass wir eben nur die beiden letzten abschnitte des
sagenkreises, nämlich die Atlensage und die Jörmunreksage in so nahe
verwanter modernerer form behandelt finden, während wir eben nur in
Sigurds-, Brynhilds- und Gudruns-liedern einer moderneren form ganz
andrer art begegnen (wovon weiter unten). Das Hamdismál scheint
Bugge für viel älter als das Atlamál zu halten; denn von der strophe 24
des Hamdismál (*styrr varð í ranni* usw.) behauptet er,[1] sie sei von
„Brage Skald dem alten" in dessen Ragnarsdrápa[2] benutzt (*rósta varð
í ranni*), wobei Bugge aber ausser acht lässt, dass auch umgekehrt das
Hamdismál die Ragnarsdrápa möchte benutzt haben, oder beide eine
gemeinschaftliche quelle. Aber auch wenn unser Hamdismál quelle der
drápa wäre, gäbe das, meiner früher ausgesprochenen ansicht gemäss,
gar keinen chronologischen anhalt, indem die authentie der Bragelieder
(ja obendrein die existenz des Brage) zu läugnen ist. Eine Ragnarsdrápa über diese sage ist ein indicium, dass die verknüpfung der Rag-
nars- und der Nibelungensage schon bewerkstelligt war. Aber die Ragnarssage, um so mehr diese verknüpfung, konte erst lange zeit nach
dem tode Ragnars entstehen.

Von grosser bedeutung ist uns ferner ein epitheton, welches die
handschrift nur drei liedern beilegt, nämlich „das alte" (*in forna, in
fornu*). Erstens nämlich benent sie einen abschnitt der bruchstücksam-
lung, die zusammen das zweite Helge-Hundingstöter-lied ausmacht:
„*Völsungakviða in forna*," welche benennung vor str. 12 steht, und,
wie Bugge[3] richtig bemerkt, nur die folgenden strophen bezeichnen
kann, wie viele, ob vielleicht alles bis zum schluss des „zweiten Helge-
Hundingstöter-liedes," ersieht man nicht. Und in der tat gehört dies
alles zu dem altertümlicheren in der samlung, und ist jedenfalls älter als
die behandlung im ersten Helge-Hundingstöter-liede, welches eben ein
versuch ist, eine partie dieser sagenabteilung in verbesserter und nicht
bruchstückartiger weise widerzuerzählen. Zweitens erwähnt die handschrift im prosastück nach dem *brot af Brynhildarkviðu* „das alte
Gudrunlied" (*Gudrúnarkviða in forna*) in solcher weise, dass man
ersieht, damit ist das zweite Gudrunlied gemeint.[4] Auf den ersten blick

---

1) In seiner ausgabe s. 441. — Es ist bei ihm str. 23.
2) Snorra-Edda I s. 372. — Im andern bruchstück dieser *drápa* alliteriert
ursprüngliches *vr* mit *r: reidr* mit *reifnis* und *radalfs* (s. 438). Vgl. ein früher
citiertes bruchstückchen von „Brage," wo *vr* mit *v* alliterierte.
3) Ausgabe s. 193. — Es ist daselbst str. 14.
4) Weshalb Bugges ausgabe diese benennung in die überschrift dieses liedes
aufnimt.

möchte hier die benennung „das alte" überraschen. Den nordischen gelehrten muss dieses lied für ein im vergleich spätes gelten, weil es Sigurd im walde und südlich des Rheins[1] töten lässt, und weil es, dem zeugnis der prosa zufolge, die worte Gudruns an Dietrich enthält. Auch mir ist es, wegen der weiter zu besprechenden form, ein sehr spätes, und zwar isländisches product. Vergleicht man es aber mit den andern Gudrunliedern, meine ich, dass man einräumen muss, dieselben möchten leicht ganz richtig noch jünger sein. Wegen des dritten Gudrunliedes, desjenigen mit dem Dietrich und der Herkja in den versen selbst, werden nun die nordischen gelehrten hierüber auch natürlich keine schwierigkeiten machen. Das erste Gudrunlied liegt ihnen näher am herzen, wird aber wahrhaftig eben so wenig ein „altes" sein. Besehen wir es. Es fängt mit denjenigen zeilen an, die gleichfalls im zweiten Gudrunlied stehen (str. 11), welche behaupten, dass Gudrun, bei Sigurds leiche sitzend, weder weinen noch die hände zusammenschlagen konte. Das muss derjenigen version zugehören, wonach Sigurd draussen im walde getötet wird, und Gudrun im walde bei der leiche sitzt (der version des zweiten Gudrunliedes und des *brot af Brynhildarkviðu*). Denn nach derjenigen des dritten Sigurdliedes, wo er im bette erschlagen wird, ist das erste, was sie, bei der leiche sitzend, tut (str. 29 — 30), die hände so derb zusammenzuschlagen, dass „die becher im schranke[2] erschallen, die gänse im hofe aufschreien," und so überlaut zu weinen, dass es bis ins gemach der Brynhild ertönt, die darüber „aus ganzer seele lacht." Das erste Gudrunlied nun ruht auf beiden versionen zugleich; denn das nicht-weinen-können geht im hause vor sich; daselbst, während sie bei der leiche sitzt, finden sich die „jarle" ein, um sie weinen zu machen, geben aber die sache auf, wonach die drei fürstinnen, Gjaflaug, Herborg und Gullrönd, von denen sonst auch nicht das mindeste bekant ist, und die eigens für dies lied werden erfunden sein, eintreten, und so abgeschmackte trostgründe[3] vortragen, dass man sich über das fortdauernde nicht-weinen wenig wundert. Zuletzt gelingt es doch der Gullrönd, durch eine sonst unbekante, wol speciel für dieses lied erdachte scene, die Gudrun zum erwünschten weinen zu bringen;

---

1) Vgl. *fyr handan ver* str. 7, und *á suðrvega* str. 8.
2) Oder was sonst *i vá* (str. 29) bedeuten mag. Bugges vorschlag, es sowol hier als Hávam. 25 (26) für *i vrá* verschrieben sein zu lassen, finde ich extravagant. Eher möchte man mit Vigfusson das *r* wirklich in der aussprache elidiert sein lassen. Beide mal verschrieben wird es jedenfalls nicht sein. Ich meine, es ist eben nur ein seltenes, noch nicht erklärtes wort, das mit *vrá* nichts zu tun hat.
3) Die Gjaflaug hat „fünf männer" verloren, und sich immer zu trösten gewust.

und da „regnete es über die knie (wol auch durch das dunkle *tresk?*)
und die gänse, die herlichen vögel, schrieen dabei auf" (str. 15—16),
was also das weinen des dritten Sigurdliedes ist. Gudrun spricht nun
ihren jammer in einer rede (str. 18—22) aus, deren anfang sie offenbar
wider direct ihrer späteren rede an Dietrich (nämlich der strophe 2 des
zweiten Gudrunliedes) entlehnt. Über diese erleichterung des schmerzes
wird nun Brynhild zornig, welche mit der Gullrönd repliken wechselt
(str. 23—24), die so vornehmen damen wenig anstehen; wonächst sich
Brynhild etwas besonnener an das dritte Sigurdlied str. 37—39 wen-
det, woselbst sie ihre pecuniären interessen in der heiratsfrage offen
bekent, hier aber, im excerpte (I. Gudr. 25—26), nur andeutet. Plötz-
lich aber steigert sich ihr zorn so, dass sie (str. 27) die scene damit
abschliesst, „feuer aus den augen zu sprühen und gift zu schnauben,"
was ihr doch keins der andern lieder nachzusagen weiss. Es dürfte mir
kaum als extravaganz verübelt werden, wenn ich dies sonderbare lied
für einen willkürlichen isländischen versuch halte, etwas neues aus dem
in einigen liedern gepriesenen nicht-weinen und nicht-händeschlagen
zu machen, und dasselbe mit dem gewaltigen weinen und händeschlagen
anderer lieder zu combinieren, und wenn ich ferner den verdacht hege,
dass der verfasser der Völsungasaga hierüber bescheid wuste, und deshalb vorsätzlich unterliess, dies lied zu benutzen, und dass gleichfalls
der samler der lieder recht wol wuste, dass dies lied ein neues war,
und mit ganz besonderem hinblick auf dieses das zweite ein (im vergleich)
„altes" nent, obschon er nebenbei auch noch an die beiden andern
Gudrunlieder, das dritte und die Gudrúnarhvöt, gedacht haben mag.
Ich möchte nämlich wol annehmen, dass er auch die Gudrúnarhvöt als
ein neues lied gekant hat, und indirect als ein solches bezeichnet, wenn
er drittens das Hamdismál „das alte Hamdeslied" nent. Er scheint
eben so wenig wie wir irgend ein andres lied zu kennen, das auf irgend
welche weise ein Hamdeslied wäre, als eben nur die Gudrúnarhvöt, wird
wol auch wider hier „alt" mit beziehung auf irgend eins der andern
lieder gebraucht haben,[1] und hätte nicht umhin können zu bemerken,
dass das eine der beiden lieder mit so gutem fug wie das andere sich
als ein Hamdeslied betrachten liesse, was in beiden fällen nur teilweise
zutreffende benennung abgibt, wie denn andrerseits auch „Gudrúnarhvöt" ungenaue bezeichnung ist, indem „Gudruns antreiben" zur erschlagung Jörmunreks nur einleitung ist, um eine situation aufzutreiben, wo
Gudrun einmal wider eine excerpierende übersicht über ihr leben geben
könte. Der erste teil der Gudrúnarhvöt kann aus dem Hamdismál (in

[1] So ist mir auch die benennung *Bjarkamál in fornu* zeugnis, dass man vom
jüngeren alter eines andern *Bjarkamál* gewust hatte (vgl. oben s. 21 f.).

etwas minder corrumpierter gestalt des letzteren als der jetzt vorliegenden) hergenommen sein, obgleich auch beide auf gemeinsame quelle zurückführen könten. Dass die bezeichnung von drei dieser heldenlieder als „alten" eine vorstellung von andern als im vergleich neuen impliciert, folgt von selbst. Eine samlung von liedern aus „dem älteren und mittleren eisenalter" würde durchgängig so „*forn*" gewesen sein, dass von einer unterscheidung des mehr und des minder „*fornen,*" geschweige denn von einer kleinen aristokratie aus nur drei speciel „*fornen*" liedern bestehend, gewis nicht die rede gewesen wäre.

Wol nicht ohne bedeutung ist es, welche der lieder der verfasser der Völsungasaga nicht benutzt hat. Er hat ja nämlich sonst, neben ein par verlorenen,[1] eben die uns bewahrten benutzt und grossenteils in prosa umgesetzt, wobei parallele lieder, so die beiden Atlenlieder, und die beiden letzten (Guðrhv. und Hamdm.), je beide durchblicken. Nicht benutzt sind: Helgakviða Hundingsbana II, Oddrúnargrátr, Guðrúnarkviða III und I, Helreið Brynhildar, welche liste meines erachtens kund gibt, dass die nichtbenutzung eine vorsätzliche war. Der erste teil der sage von Helge dem Hundingstöter steht in der Helgakv. Hund. II (str. 1 — 27) unvollständig, unordentlich, wenig klar, dagegen in der Helgakv. Hund. I viel vollständiger, ordentlicher und leichter zu lesen. Der zweite teil dieser sage, welcher im ersten liede fehlt, hat so wenig bedeutung für die Wölsungengeschichte (mochte vielleicht auch noch dem bewustsein nicht zu undeutlich als etwas dieser geschichte ursprünglich fremdes dastehen), dass er sehr passend wegbleiben konte, indem der sagaverfasser die sache nur mit der bemerkung[2] abzufertigen brauchte, dass „Helge die Sigrun heiratete und ein berühmter könig ward." Ähnliche bewantnis wie mit dem weggelassenen teile der Helgensage hat es mit Oddrúnargrátr und Guðrúnarkviða III. Auch wenn der sagaverfasser den inhalt dieser beiden lieder nicht für willkürliche erfindung hielt, würde er ihn als überflüssig ausgeschlossen haben, den der Guðrkv. III um so mehr, als er sich überhaupt auf die Dietrichsage nicht einlässt, die er doch sehr wol kante, da er ja bekantlich eben aus den abteilungen in der *saga þiðreks*, die von den Wölsungen und Nibelungen handeln, etliches entlehnt hat.[3] Helreið Brynh. und Guðrkv. I wird der

---

1) Die in der lücke der handschrift zwischen *Sigrdrífumál* und *brot af Brynhildarkviðu* gestanden haben müssen. — Bugge (LXVII) setzt die entstehung der schriftlichen liedersamlung um 1240, die saga in die letzte hälfte des 13. jahrhunderts.

2) Völs. cap. 9 (Fornalds. I s. 141), wo in den schlussworten *ok er hann hér ekki síðan við þessa sögu* das *hér* (hier) andeutet, dass man anderswo mehr vom Helge erzählte.

3) Siehe hierüber z. b. diese zeitschr. I s. 417 unten.

sagaverfasser geradezu als ganz verwerflich betrachtet haben; er könte sehr wol sogar positive kunde gehabt haben, dass diese beiden als willkürliche erfindungen entstanden waren. Es hat demnach, meines bedünkens, die liste der nichtbenutzten lieder durchaus keinen zufälligen charakter.

Nachdem ich hiemit eine reihe mehrfach in einander greifender, und alle 17 lieder[1] angreifender litterarischer verhältnisse aufgeführt habe, die uns mit vereinter kraft zu dem resultat hindrängen, dass diese lieder (selbst die altertümlichsten nicht ausgenommen) unmöglich „dem ältern und mittlern eisenalter," also den zeiten vor der grossen wikingzeit, zugehören können, vielmehr, wenigstens gröstenteils, sogar erst dem zeitalter nach den wikingzügen zugehören werden, ferner dass sie keinesweges dänische (noch auch schwedische) lieder sein können, sondern nur norröne, am ehesten isländische,[2] bleibt noch übrig, den charakter und ästhetischen wert dieser heldenlieder (ein gebiet, worauf wir schon gelegentlich hinüberstreifen musten) näher zu erwägen, um zu sehen, inwiefern auch hierin bestätigung, speciel in der frage über isländisch, zu finden wäre.

Es versteht sich denn nun sofort von selbst, dass diese lieder sich in der genanten beziehung auf ein überaus unprimitives stadium hinstellen. Sie bilden ja nämlich keine einheit, auch da nicht einmal, wo von keiner verknüpfung verschiedener sagen die rede sein könte, sondern nur von ursprünglicher, unteilbarer einheit der sage. Rechnen wir die Jörmunrekssage und die Helgensage ab: die geschichte Sigurds und der Nibelunge bildet zusammen eine einheit, éine sage, somit ursprünglich natürlich éin gedicht. Und will man den untergang der Nibelunge gleichfalls abziehen: nun wol, es muss doch wenigstens Sigurds, Brynhilds und Gudruns geschichte immer eine einheit gebildet haben, die ursprünglich nur insofern in mehrere lieder kann zerlegt gewesen sein, als sie zu weitläufig für nur einen vortrag war, das gedicht also von selbst in mehrere einander fortsetzende cantos zerfallen muste, wie alle grösseren volkstümlichen epischen gedichte, wie die Ilias, die Odyssee, das Nibelungenlied, der Beowulf usw. Die Edda liefert aber nicht eine reihe cantos, die zusammen éin gedicht, entsprechend der einheit der sage, bilden, sondern eine anzahl vereinzelter, losgerissener versuche,

---

1) Am schwächsten das kurze *brot af Sigurdar-* oder *Brynhildarkvidu* für sich genommen. Aber es will nicht für sich genommen sein.
2) inclusive grönländische. — Auch die von Norwegern colonisierten inseln nördlich und westlich Schottlands dürfen nicht ausgeschlossen sein. Etwas speciel auf dieselben deutendes weiss ich nicht vorzubringen.

partieen oder personen der sage für sich zu besprechen,[1] und zwar so, dass die darstellung oft nicht einmal eine direct epische ist, sondern eine indirecte, indem irgend eine person die begebenheiten memoriert oder prophetiert; ferner so, dass bei den zuhörern schon gründliche kentnis der sage vorausgesetzt wird: nur wer in der sage wolbewandert ist, vermag die einzelnen lieder zu verstehen. Ich vermag hierin durchaus keinen „erhabenen grossartigen überblick," geschweige denn etwas uraltertümliches, primitiv germanisches oder nordisches, noch überhaupt in der art, wie es ausgeführt ist, irgendwie etwas volkstümliches zu entdecken (obschon ich nicht jedwede zerstückelung einer sage in kleine von einander unabhängige lieder sofort für etwas unvolkstümliches erkläre). Ich höre keinesweges „das ältere und mittlere eisenalter," ja auch nicht einmal die wikingzeit in diesen liedern singen. Im gegenteil, es klingt mir wie die schwächliche, unpoetische neubearbeitung der letzten epigonen, wie versuche litterarischer liebhaber. Wie sollte man sich die sage in solchen langweiligen, unharmonischen, zersplitterten übersichts- und repetitions-darstellungen ein halbes oder ganzes jahrtausend hindurch im ganzen norden überliefert denken? Warum sollte man eben an dieserlei form die langen zeiten hindurch hartnäckig festgehalten haben? Es muss ja doch vor dieser eine zusammenhängende, und vor allem eine directe darstellung der sage als einer nicht schon bis zum überdruss bekanten und eingeübten gegeben haben. Und es muss eine solche darstellungsart die einzige wirklich volkstümliche gewesen sein, die einzige wirklich geniessbare und unterhaltende, die einzige, wodurch das spannende und erregende der handlung nicht verloren gienge, die einzige ohne commentar verständliche, somit die einzige, worin sich die sage verbreiten und leicht überall erhalten könte. Man mache doch einmal das gedankenexperiment durch, wie sich die sage seit „dem ältern und mittlern eisenalter" (oder auch nur durch die jahrhunderte der wikingzeit) mittelst der uns bewahrten lieder hätte von „Südscandinavien" aus über den ganzen norden verbreiten und überall erhalten sollen. Die eine generation nach der andern hätte mit geduld, ja mit heisshunger und entzücken solchen unsinn angehört, wie z. b. dass Gripir dem Sigurd dessen ganze geschichte im excerpte vorhererzählt (wie in I. Sigkv.), so dass Sigurd, der erzritterliche held, die Brynhild mit dem vollen bewustsein besucht hätte, dass er, und wie

---

1) Wir mögen hiebei die weise bemerken, wie mehrere lieder anheben: *ár var alda þat er arar gullu* (I. Helg. Hund.); *ár var þats Guðrún görðisk at deyja* (I. Guðr.); *ár var þats Sigurðr sótti Gjúka* (III. Sig.); *Atli sendi ár til Gunnars* (Atlkv.); so mag ein gedicht, aber nicht leicht ein neuer abschnitt desselben anheben.

er sie hintergehen werde; dass ferner Gudrun eben so präcis detaillierten, obschon ebenso excerpierenden bescheid über ihre künftigen erlebnisse von der Brynhild anhören muss,[1] so dass gleichfalls Gudrun zur offenen betrügerin wird an Sigurd und an Brynhild, und Brynhild alles recht verliert, sich hernach von dem durch die waberlohe reitenden Sigurd täuschen zu lassen, und den betrug erst lange nach der heirat zu entdecken; dass Brynhild noch einmal dem Gunnar und vielen andern die geschichte mit Atle, so auch die mit Oddrun und die mit Jörmunrek excerpierend vorhersagt (III. Sig.), und nachdem sie bedauert hat, dass der tod sie unterbricht (sonst würde sie mehr sagen [2]), sofort noch auf dem wege nach der unterwelt einen neuen anfall der redesucht hat, und ein hexenweib, von dem sie ohne jede veranlassung aufgehalten wird, mit einem excerpierenden, psychologisch abwägenden vortrag über ihre *vita* regaliert (Helr. Brynh.); wie denn auch Gudrun dem Dietrich ihr leben übersichtlich erzählt, mit der vorhersagung des zu begehenden gatten- und kindermordes abschliessend (II. Gudr.), und diese geschichte später noch einmal monologisch widerholt (Gudrhv.); und gleichfalls auch die Oddrun diffuse übersichten über partieen der sage der Borgny vorträgt, die doch wol ungefähr eben so guten bescheid wissen mochte. Überall wäre die geduld der zuhörer durch nutzlose, unpoetische repetitionen des bekanten hingehalten worden, und in allen richtungen der effect der handlung vernichtet, indem man alles erst prophetierend, dann repetierend hätte durchgehen müssen. Das interesse an den personen und ihrem schicksal sollte sich frisch erhalten haben, obschon alle psychologische denkbarkeit, jede begreifliche vorstellung von menschlichen seelenzuständen und menschlichem handeln vernichtet wäre, indem nichts mehr geschehen konte, was die handelnden personen nicht schon alle voraus wusten (inclusive ihrer eignen verkehrten schritte, und aller folgen derselben). Ich kann mir die verbreitung und längere mündliche überlieferung der sage in so monströser abart der sagendarstellung nicht denken, ja nicht einmal recht vorstellen, dass diese abart die ältere, ächt epische und directe darstellung ohne weiteres verdrängt hätte. Ich finde es bei weitem vernünftiger anzunehmen, dass so etwas nicht einmal dem spätesten stadium des volkstümlichen heidnischen gesanges, sondern einem litterarischen, somit christlichen zeitalter zugehört. Denken wir uns diese lieder als litterarische ergänzungsversuche eines zeit-

---

1) Dies ist nämlich der wesentliche inhalt des liedes gewesen, wonach cap. 25 der Völsungasaga erzählt wird. Das lied selbst ist durch die bekante lücke in der Eddahandschrift verloren gegangen.
2) *mart ek sagda, mundu ek fleira, er mér meir mjötudr málrúm gæfi* (III. Sig. 68).

alters, wo man den inhalt der gesamten sage noch sehr wol wuste, wo aber in der tradition der worte der alten lieder viele grössere und kleinere lücken eingerissen waren, die alte einheitliche liederreihe nur noch in ungenügendem, fragmentarischem zustande vorlag. Das würde wol nur auf die isländischen litterarischen zustände passen. Sieht man die sache in derartigem lichte, dann, meine ich, ordnen sich alle facta natürlich und zwanglos. Eine solche dichtung würde die ältern fragmente vielfach incorporieren. Man begreift nun, wie die enorme abgeschmacktheit (die sich ja auch in so manchen, zum teil oben berührten details kund gibt[1]) neben der grossartigen poesie der hauptsage selbst bestehen kann, so wie auch neben dem poetischen schwunge einiger strophen und strophenreihen (so des letzten teiles der II. Helg. Hund., und verschiedener in andern liedern, besonders Fáfnism. und II. Sigkv., zerstreuter strophen[2]). Man begreift, wie die alle andern altgermanischen heldensagen überbietende tiefe psychologische richtung der hauptsage später, auf dem afterstadium unsrer lieder, zu jenen ermüdenden vorträgen der damen verführt hat, jenem redseligen und unzarten demonstrieren über ihre eigne psychologische stellung. Man begreift, wie das dem interesse wirklich förderliche dunklere und andeutende prophetieren der volkstümlichen darstellung („dir werden die bauge zum tode;" „meines goldes soll niemand gedeihen;" „dir ist kurzes leben beschieden;" „euch wird der eidbruch verderben;" und dgl.) auf dem repetierenden, aufsummierenden stadium zu dem absurden excerpierenden detailprophetieren unserer lieder verleitet hat. Man begreift wie schon in den altertümlichsten liedern so manches offenbar wenig alte (so vor allem die verschmelzung mit der Helgensage) auftreten kann: es werden sogar die ältesten frühestens dem spätern teil der wikingzeit entstammen.

Den grösten und am wenigsten, vielleicht gar nicht von weit später erneuernder hand berührten überrest älterer dichtung haben wir im zweiten Helge-Hundingstöterliede, wogegen das erste jüngere bearbeitung des ersten teiles der geschichte Helges ist, eine direct epische, und dennoch

---

1) Vgl. das früher bemerkte über *kenningar*, über den stil der Atlenlieder, zum teil des Hamdesliedes, über die sonderbarkeiten der Guðr. I, auch der Sig. III usw. Als ganz besonders grelle beispiele möchten noch genant werden: *kona varp öndu enn konungr fjörvi* (Sig. III, 29); *gengu allir ok þó ýmsir hana at letja: hratt af halsi hveim þar sér* (ib. 41—42); *fé opt svikinn* (Atlam. 52); *em ek litt leikinn, lifs tel ek ván enga* (ib. 88) usw.

2) Wenn auch sogar sonst sehr unbefangene deutsche altertumsforscher (von nordischen will ich nicht reden) sich in überschwänglichem lob der eddischen heldenlieder ergehen, meine ich eben, dass solche vereinzelte poetische stellen, und noch mehr die poesie der sage ihr auge, in bezug auf den eigentlichen charakter der lieder überhaupt, geblendet hat.

in ihrer art unantike bearbeitung, die übrigens strophen mit dem zweiten gemeinsam hat, welche also aus älterer bearbeitung herübergenommen sind. Das widererzählen hört man dem ganzen ersten liede an, das eilende übersichtliche excerpieren besonders den strophen 9—14. Der schwülstige, prätentiöse stil, und die zahlreichen *kenningar* sind oben erwähnt. Poetisches talent möchte man dem verfasser nicht absprechen; aber weder hat er den rechten alten epischen stil getroffen, noch auch sonst hier ein befriedigendes gedicht geliefert.[1] — Überreste älterer dichtung liegen wol auch vor in II. Sigkv. str. 1—18 und 26, und in Fáfnism. 1—10 und 16—33, wogegen das übrige unter diesen beiden überschriften meines bedünkens von späterer hand herrühren muss, was ich schon früher angedeutet habe.[2] — Schon der hinzugedichtete schluss des Fáfnismál enthält jenes detaillierte und doch excerpierende prophetieren, welches ich unbedenklich der litterarischen isländischen überarbeitung des stoffes zuschreibe. Biographische übersichts- und repetitionslieder, zum teil prophetierende, alle von geringem ästhetischen werte, sind nun ferner: I. Sigkv. (d. i. Gripisp.); III. Sigkv.; das durch die lücke in der handschrift verlorene, aber in Völsungasaga cap. 25 benutzte Brynhildlied; Helr. Brynh.; II. Guđrkv.; Guđrhvöt.; Oddrúnargr.; wahrscheinlich auch das *brot af Brynhildarkviđu*, dessen fragmentarische kürze jedoch kein sicheres urteil gestattet. — Ganz willkürliche experimente aus demselben zeitalter wie die soeben aufgezählten lieder werden sein: Sigrdrífumál und I. Guđrkv.; über beide habe ich schon meine ansicht ausgesprochen. Nicht anders möchte es sich vielleicht mit III. Guđrkv. verhalten, worüber ich übrigens sonst nichts bestimteres vorzubringen weiss.[3] — Übrig bleiben nun die beiden Atlenlieder und das Hamđeslied, welche wider direct episch sind, und eine

---

[1] Das in der Morkinskinna und in der Hrokkinskinna aufbewahrte (in Fornmannasögur VII s. 6 ff. und in der Christiania-ausg. der Mork. s. 132 ff. gedruckte) im achtzeiligen *fornyrđulag* abgefasste lied des skalden Gisl Illugason über könig Magnus Barfuss, welches jedenfalls nicht älter als das jahr 1100 ist (und dessen authentic wol nicht zu bezweifeln wäre), zeigt in behandlung des metrums und in der phraseologie so entschiedene ähnlichkeit mit dem ersten liede über Helg. Hund., dass es erlaubt wäre, den Gisl für den verfasser auch dieses letzteren zu halten. Einen entscheidenden beweis für diese vermutung vermag ich jedoch nicht vorzubringen.

[2] Die mythologischen strophen: Fáfn. 12—15, müssen wol ein ganz zufälliges, ungehöriges einschiebsel sein. — Dem dreimaligen (*v*)*reiđr vega* des Fáfnism. (zwei mal in sprichwörtern) ist übrigens kein gewicht beizulegen (vgl. oben s. 29).

[3] Das heimliche gespräch zwischen Gudrun und Dietrich (II. Guđr.) möchte den einfall erregt haben, Atle werde eifersüchtig geworden sein, und dieser einfall die III. Guđr. ohne andern zusammenhang mit der sage hervorgerufen haben.

klasse für sich bilden. Trotz der durchgängig directen darstellung sind sie ganz und gar nicht altertümliche überreste, obschon sich das Hamdismál näher an ältere dichtung hält als die Atlenlieder. Ich habe über diese drei meine auffassung schon früher dargelegt, so auch, dass mir das Hamdismál in seiner bewahrten gestalt unbedenklich demselben zeitalter und derselben „schule" zugehört, wie die beiden andern. — Bei der lücke in der handschrift zwischen Sigrdrífumál und *brot af Brynhildarkviðu*, welcher lücke die capitel 23—28, gröstenteils auch 29, in der Völsungasaga entsprechen, bleiben wir natürlich in ungewisheit über den charakter der daselbst verlorenen lieder, nur dass ganz deutlich das cap. 25 der saga auf einem prophetierenden übersichtsliede beruht, dessen einleitung eine situation zu wege bringen sollte, wo Brynhild prophetieren könte, und eben diese detaillierte prophetie die hauptsache war. Es ist möglich, dass die lücke ferner neubearbeitungen ähnlich dem dritten Sigurdliede enthalten hat, aber auch, dass daneben grössere überreste älterer dichtung sind aufgezeichnet gewesen (wie ja denn jedenfalls die neubearbeitungen stellen aus derselben unverändert werden herübergenommen haben); endlich auch, dass längere prosastücke die geschichte vervollständigt haben (so möchte man wol noch immer mit P. E. Müller und Keyser und gegen Bugge mutmassen, dass den capiteln 23—24 der saga kein lied, oder kein vollständiges, als grundlage gedient hat). Wenn Bugge (in der note) meint, das *brot af „Sigurðarkviðu"* (= *Brynhildarkviðu*) werde der überrest eines überaus langen Sigurdliedes sein, dessen bei weitem grösserer teil durch die lücke verloren wäre, und dem gegenüber die handschrift die lange III. Sigkv. als „die kurze" (*in skamma*) bezeichnen konte, habe ich hiebei zu bemerken, dass der name *„Sigurðarkvida in skamma"* näher besehen nur einem teile dieses liedes angemessen ist, so dass das ganze vielleicht auch einen umfassenderen namen getragen hätte, in welchem fall der schluss auf übergrosse länge eines andern Sigurdliedes unsicherer wird. — Die früheren teile des sagenkreises, die „vorgeschichte," wird man wol der neubearbeitung weniger wert gehalten haben. Wahrscheinlich hat I. Helg. Hund. als vereinzelter versuch dagestanden. Dieses lied ist im 8. und 9. capitel der saga benutzt. Mit dieser ausnahme werden aber den ersten 13 capiteln der saga schwerlich vollständige lieder zu grunde liegen. In den wechselreden blicken mehrmals alliterationsstäbe durch. Man wird wol am ehesten nur mehrere bruchstücke der älteren dichtung übrig gehabt haben, in so verkümmertem zustande, dass sie der aufnahme in die liedersamlung nicht wert gehalten wurden. Es werden solche bruchstücke meist dialogische gewesen sein (wie ja auch in der liedersamlung die altertümlicheren überreste fast nur wechselreden sind).

Den inhalt auch dieses teils der sage muss man ganz gut festgehalten haben. Aber ich muss Bugge widersprechen, wenn er es [1] für erwiesen hält, der sagaverfasser habe eine menge hieher gehörige lieder ausser denen der „Sämundar-Edda" gehabt. Bugges gründe sind sehr schwach; sie erhärten nur, was jedenfalls niemand bezweifeln könte: dass der sagaverfasser einige fragmente von sonst verlorenen liedern kante. Sein liederschatz war meines bedünkens sonst eben nur die uns erhaltene samlung [2] in nicht lückenhaftem zustande, von welcher er mehrere der lieder (vorsätzlich) nicht benutzte. — Bugges meinung, dass die samlung mit dem Hamdismál wirklich abgeschlossen, und der *codex regius* also nicht „*in fine mancus*" sei,[3] trete ich unbedenklich bei, obschon Bugge nicht bemerkt zu haben scheint, dass auf der letzten, ursprünglich wol leer gelassenen halbseite, nach einem zwischenraume, eine anzahl jetzt wol völlig unleserliche zeilen hinzugefügt sind, ob mit derselben hand wie vorher, vermag ich nicht zu entscheiden. Dass das manuscript zur zeit, als diese zeilen hinzugefügt wurden, nicht noch mehr blätter am ende enthielt, schliesse ich daraus, dass diese zeilen ganz bis an den untern rand reichen, während sonst im codex ein breiter marginalraum unten leer steht. Der sonst ungebräuchliche zwischenraum vor diesen zeilen bezeichnet wol auch dieselben als eine zutat (man könte auf eine note über Heime und Aslaug raten, entsprechend dem schluss der Völsungasaga).

Gegen die haltlosen berufungen auf den vermeintlich höheren stand altdänischer cultur, und gegen die hergebrachten phrasen über die herlichkeit dieser lieder als beweis ihres entstehens im vorgeblichen culturlande, glaube ich hier eine ziemlich hinlängliche menge verhältnisse zusammengestellt zu haben, welche die abfassung dieser heldenlieder ganz und gar nicht dem „ältern und mittlern eisenalter" in „Südscandinavien," sondern grösstenteils einem isländischen litterarischen[4] zeitalter (dem 11.—12. jahrhundert, vielleicht sogar auch dem anfange des 13.) zuweisen müssen, obschon einige, jedenfalls doch norröne, bruchstücke älter sein werden.

1) In seiner Eddaausg. XXXIV—XLI.
2) Deren prosastücke er ja gleichfalls gelegentlich benutzt.
3) Ausg. s. V. — Ein indicium, dass am ende nichts fehlt, wäre wol auch der umstand, dass nicht das letzte, sondern im voraus schon das vorletzte blatt (als überflüssig) abgeschnitten ist.
4) Mit welchem ausdruck (in ermangelung eines präciseren) ich das zeitalter dieser lieder von dem der eigentlichen heidnischen volkstümlichen poesie unterscheide. Ich verwahre mich gegen eine solche deutung meiner worte, als ob ich meinte, die lieder müsten sogleich schriftlich verfasst sein, was übrigens bei einigen nicht unmöglich wäre.

Hier, zwischen den helden- und den götter-liedern, möchte ich ein par worte über das nur im Flateyjarbók (um 1390) aufbewahrte, gewöhnlich aber in ausgaben der „Eddalieder" aufgenommene Hyndluljóð einschieben. Obschon ton und charakter durchgängig ganz einerlei ist, trete ich Bugges meinung bei, dass es nicht ein lied sei, dass str. 28 — 43 (bei Lüning 28 — 41, bei Bugge 29 — 44) stück eines mythologischen liedes ist (*Völuspá in skamma* wird es in der Snorra-Edda benant[1]). Das übrige, das verzeichnis der heroen und heroengeschlechter, wird übrigens auch nicht vollständig sein; so möchte nach str. 27 (28) eine erwähnung Sigurd Rings und Ragnar Lodbroks ausgefallen sein. Dass die beiden lieder ohne ursache zusammengefügt wären, finde ich ganz unwahrscheinlich. Da der ton so ganz derselbe ist, vermute ich, man wird eine bestimte kunde gehabt haben, dass beide zusammengehörten, dass beide von einem verfasser herrührten, der denn in einem liede (das er nach der ältern Völuspá „die kürzere Völuspá" benante) eine schematische übersicht seiner mythologischen kentnisse an den tag gelegt hätte, in einem andern eine derartige über sein sagengeschichtliches wissen. Das mythologische lied nun rührt von einem christen her; denn dem verfasser war die mythenwelt etwas vergangenes, wie das mehrmals seine präterita bezeugen: „Freyr hatte die Gerðr, diese war tochter des Gýmir;" „ein ungetüm [Hel oder Midgardswurm] schien (*þótti*) vor allen das ungeheuerlichste zu sein;" „Haki war sohn der Hveðna" usw. Einem heiden waren Freyr, Gerðr, Gýmir, Hel (oder Miðgarðsormr) alle noch am leben, und Gerðr noch immer gemahlin des Freyr;[2] er hätte nur sagen können: Freyr hat die Gerðr, usw. Das eigentliche Hyndluljóð, ebenso herplappernd als dieses mythologische, und im höchsten grade confus,[3] ist übrigens dem sagenbestand der isländischen litteratur ganz angemessen: es bekümmert sich nicht sonderlich um die vielen kleinkönigsgeschlechter, sondern vorerst um die Ynglingar (Harald Schönhaars geschlecht), Skjöldungar, Skilfingar, Völsungar (oder Ylfingar), Gjúkungar, Öðlingar (geschlecht des Eylimi: str. 25), nent auch Arngrimssöhne, Halfsrecken und einige andere norröne familien. Es hat die eigentümliche norröne verknüpfung

---

1) I, 42—44, wo eine strophe citiert wird.

2) Letzteres ist zwar aus dem Skírnismál allein nicht ganz deutlich zu ersehen; die Snorra-Edda aber, die sich hierin nicht irren würde, erklärt das verhältnis für eine förmliche ehe.

3) K. Maurer (Quellenzeugnisse über das erste landrecht usw. s. 92) sagt: „Die confuse art, wie dieses genealogische lied die ... geschlechter und personen durcheinander mischt, nimt ihm jede weitere bedeutung, als etwa die eines zeugnisses, dass die in ihm genanten namen wirklich in jedermans mund waren."

des norwegischen königtums mit dem dänischen;[1] ferner die der Helgensage (str. 25) und die der Jörmunreksage mit der Nibelungensage (Jörmunrek wird str. 24 ausdrücklich „schwiegersohn Sigurds'" genant). Es ist dies ganz entschieden ein norrönes lied. Beide lieder sind solche gelehrsamkeitsproducte, dass sie nur dem „litterarischen" isländischen zeitalter zugehören können.

Gehen wir demnächst an die besprechung der götterlieder in der „Sämundar-Edda."

Der *codex regius* enthält ja deren 9: Vǫluspá, Vafþrúdnismál, Grimnismál, Skírnismál, Hárbardsljód, Hýmiskvida, Lokasenna, þrymskvida, Alvíssmál. Im Arnamagnäanischen handschriftbruchstück stehen von diesen nur 5 (in anderer ordnung: Hárb., Skírn., Vafþr, Grimn., Hým., die drei ersten defect[2]) und ausserdem (zwischen Hárb. und Skírn.) Vegtamskvida, die im *codex regius* fehlt, und von der ebenfalls die Snorra-Edda nichts weiss. Auch Hárb., Hým. und sogar þrymskv. sind der Snorra-Edda fremd, wogegen sie die sechs übrigen benutzt, indem das Skaldskaparmál zwei strophen aus Alvíssmál und zwei aus Grimnismál citiert, die Gylfaginning eine aus Lokasenna, eine aus Skírnismál, wie sie auch dieses lied weiter benutzt, und grossenteils nach Vǫluspá, Vafþrúdnismál, Grimnismál ausgearbeitet ist, von welchen dreien viele strophen vorkommen. — Erinnern wir uns, dass wir (mit Bugge) die ganz unrichtig sogenante „Sämundar-Edda" für jünger als die Snorra-Edda zu halten haben; dass letztere, wahrscheinlich sowol Gylfaginning als Skaldskaparmál, jedenfalls letzteres, wirklich von Snorre († 1241) herrühren muss; dass die Gylfaginning jedenfalls etwas älter als das Skaldskaparmál ist; dass die urhandschrift der liedersamlung, die wir „Sämundar-Edda" nennen, (wie Bugge meint) erst um die mitte des 13. jahrhunderts wird entstanden sein; dass der uns erhaltene codex dieser samlung (*cod. reg.*) wol aus dem schluss desselben jahrhunderts (also nicht viel jünger als die aus den heldenliedern der samlung excerpierte Völsungasaga) ist; dass das arnamagnäanische handschriftbruchstück, dessen lieder, die Vegtkv. ausgenommen, alle einer hand-

---

[1] Dieselbe blickt auch im Rígsmál hervor, und ist vielleicht in einem verlorenen schluss des liedes durchgeführt gewesen, worüber vgl. Bugges anmerkung s. 149 f. Dies lied steht nur in einer handschrift der Snorra-Edda; was gleichfalls mit dem Grottasöngr der fall ist. Über letzteres gedicht habe ich hier nichts bestimteres vorzubringen. Es scheint mir einen ungewöhnlich neutralen charakter zu haben. Norröne indicien wären wol nur *kœmia Grotti or gyjá fjalli* (10) und *setberg* (11).

[2] Nach Hým. folgen ein par zeilen der prosa zur Völundarkv., dann lücke und dann teile der Snorra-Edda und anderes.

schrift der „Sămundar-Edda" entnommen sind, im früheren teile des 14. jahrhunderts geschrieben ist.

In der Snorra-Edda finden sich spuren und fragmente von noch etwa einem dutzend andrer mythischer lieder.[1] I. s. 102 (bei Egilsson s. 17) wird citiert aus einem „Heimdallargaldr":

> níu em ek mœðra mögr, níu em ek systra sonr.

I. 94 (E. 15) zwei strophen eines liedes über *Njörðr* und *Skaði*:

> leið erumk fjöll usw.

I. 118. (E. 21—22) anderthalb über die *Gná*:

> hvat þar flýgr usw.

I. 286, 288 (E. 60, 61) zwei eines liedes über *Þórr* und *Geirröðr*:

> vaxattu Vimur usw.

I. 340 (E. 69) eine halbe aus einem nicht näher bestimmbaren liede (vielleicht einem beschreibenden):

> at Glasir stendr usw.

I. 180 (E. 39) aus einem dialogischen liede über Balders tod und Hermods ritt nach der unterwelt die strophe:

> þökk mun gráta usw.

ausser welcher in dieser erzählung noch viele andre durchblicken, so (obschon nicht in jedem fall mit gleicher gewisheit, indem alliteration auch zufällig eintreffen kann, alliterierende redensarten ausserdem nicht notwendig mitzählen): *þá mælti Frigg: eigi munu vápn eða viðir granda Baldri, eiða hefi ek þegit af öllum þeim. þá spyrr konan: hafa allir hlutir eiða unnit at eira Baldri? þá svarar Frigg: vex viðarteinungr fyr austan Valhöll* usw. Man hört den *ljóðaháttr* hindurch:

> eigi munu hánum vápn   eða viðir granda,
>   af öllum hefik eiða þegit.
>
> hafa eiða unnit   allir hlutir
>   (ey) at eira Baldri?
>
> viðarteinungr vex   fyr Valhöll austan,
>   sá þótti ungr at krefja eiðs.

---

[1]) Ungerechnet (versteht sich) mythologische „skaldenlieder" (*Þórsdrápa*, *Haustlöng*) und blosse alliterierende verzeichnisse von namen und *heiti* (inclusive die *Þorgrimsþula* und die *Kálfsvísa*: Bugge s. 332—334).

ek sé eigi   hvar er Baldr,
ok annat, at ráþulauss emk.

sá hverr til annars,   váru(m) með einum hug
til þess er unnit hafði verkit.

hverr er sá með ásum,   er eignask vili
allar ástir mínar,
(ástir) ok hylli,   ok á Helveg vili ríða,
ef hann fái funnit Baldr?

níu nætr   (niðr) reið ek þaðan
dökkra dala ok djúpa.

ríðu fimm fylki   inn fyrra dag.

hví ríðr þú hér   á Helveg?

liggr niðr ok norðr.

hljóp sá hestr   svá hart yfir grind,
at hvergi kom hann (hófum) nær.

sá ek þar   í öndvegi sitja
Baldr bróður minn.

ef allir hlutir   í heimi hann gráta
skal hann fara til ása aptr;
enn ef við mælir nökkurr,   eða vill eigi gráta,
þá haldisk hann með Helju.

sendi Frigg ripti   ok enn fleiri gjafar,
Fullu fingrgull

Und noch mehr liesse sich mitnehmen. — Während sonst die erzählungen in der Snorra-Edda (mehr oder weniger) den charakter von litterarischen excerpten (sei es nun direct aus liedern oder zunächst aus volkstümlichen erzählungen) tragen, gibt es eine, die nicht so grosse eile hat, die wie eine kleine saga aussieht, nämlich die von Thors reise nach Utgard (l. 142 f.; bei E. 28 f.). Durch diese blickt meines erachtens deutlich hie und da ein sehr einfaches lied im achtzeiligen metrum hervor. So: .. ok rígdi hafrstökurnar, stóðu þá upp hafrarnir, ok var annarr haltr eptra fæti; man denke sich etwa:

rígdi hann stökur,   stóðu upp hafrar;
var annarr haltr   eptra fæti.
herði hann hendr   at hamarskapti.

báðu sér friðar,
allt þat

sefaðisk hann,
er ey þjóna Þór,

batt allt í bagga,
steig um daginn

stóð hann upp,
reiddi hann hamar
ljóst hánum ofan
sökk hamars muðr

miðnátt er nú

hljóp at hánum
ljóst á þunn-vanga

þola köyursveinum

meiri muntu vera

sá skal ganga
er Logi heitir,

hljóp köttr grár

lágr er Þórr

sjám fyrst,
kallið hingat
fáisk hann við hana,
er eigi mér litusk

gékk í höll

svá fór enn
at fangi hann knúðisk,
varð hann lauss á fótum,
áðr féll á kné

eigi mun Þórr
fleirum mönnum

þar er þú sátt
þrjá dala,

engi hefir orðit,
at eigi komi elli

buðu at fyrir kvæmi
er áttu þau.

tók i sætt börn þeirra,
Þjalfi ok Röskva.

á bak sér lagði,
heldr stórum.

(steig fæti at),
hart ok títt,
á hvirfil miðjan,
í höfuð djúpt.

ok enn mál at sofa.

ok hamar reiddi,
er vissi upp.

köpryrði.

enn mér lízk þú.

á golf fram,
ok við Loka freista.

á golf hallar.

ok (heldr) lítill.

hvar er fóstra mín;
kerling Elli;
fellt hefir hón menn,
ústerkligri.

gömul kerling.

fang þat:
því fastara stóð hón;
ok eigi lengi,
fæti öðrum.

þurfa at bjóða
fang á höll.

setberg hjá höll,
einn djúpastan.

ok engi mun verða,
öllum til falls.

Natürlich ist nicht zu verlangen, dass die prosa mit so wenig nachhilfe den nötigen poetischen klang erhalten sollte. Wir brauchen nicht, oder nicht jedes mal, des gedichtes *ipsissima verba* producieren zu können. Es genügt, dass schon die prosa so oft der mechanik der verse angemessen ist. Weitere umstellungen und änderungen würden (wie bei der prosa der Völsungasaga) noch hinzuzudenken sein. — In der erzählung vom Fenre ist die beschreibung des bandes (I. 108; bei E. 19) ein vers, der etwa so gelautet hat:

görðu þeir fjötur,   *ok Gleipni hétu,*
af kattar dyn,   *af konu skeggi,*
af bjargs rótum,   *af bjarnar sinu,*
af anda fisks,   *af fugls mjólk.*

Einen mislungenen versuch den vers zu restituieren hat Bugge aus einer Eddahandschrift unter die „bruchstücke" aufgenommen.[1] — In der erzählung von den kleinodien stehen gegen den schluss hin (I. 344; bei E. 70) folgende stäbe: *dæmdu þeir, at dvergr ætti .. band Loki at leysa höfud .. er hann vildi taka hann, var hann rits fjarri .. Loki átti skua, er hann rann lopt ok lög .. vildi höggva af Loka höfud .. hann átti höfud en eigi hals .. vil stinga rauf ok rifa saman .. betri er alr bróðir mins .. rifjaði saman ok reif ór æsunum.* — Offenbar auch mehrere in der von der gefangennahme Lokes (I. 182; bei E. 39, 40): *fal sik í fjalli .. brá sér í lax líki ok falsk í Fránangrs forsi .. hverja vél til mundu finna at taka hann í forsi ... Loki fór fyrir; leggysk niðr milli steina; drógu net yfir; kendu þeir, at kvikt var fyrir; fara í annat sinn upp til forsins.* — Vielleicht einige in der von Thor und Hýmir (I. 166 f.; bei E. 35): *lítil mun at þér liðsemd vera, er þú ert [lítill ok] ungmenni eitt ... á rastir erum komnir, er vanr emk at sitja, ok draga flata fiska.* — Vielleicht einige in der von Thor und Hrungnir (I. 270 f.; bei E. 56 f.): *er ríðr lopt ok lög*[2] *.. jafngóðr í jötunheimum (með jötnum) ... sökkva Asgarði, ok drepa öll guð, nema Freyju ok Sif vil ek heim færa .. asa öl mun ek allt drekka ... hafði vaðit norðan yfir Eli-vága, ok borit í meis á baki Örvandil, ór jötunheimum, ok þat til jarteikna, at meisi ór hafði staðit ein tá.*

Dass eine solche anzahl lieder noch im 13. jahrhundert auf Island vollständig wäre memoriert gewesen, ohne dass ein einziges von diesen seinen weg in die „Sämundar-Edda," oder, in förmlicher aufzeichnung, in irgend eine handschrift der Snorra-Edda

---

1) Nr. 13 s. 335. — Möchten nr. 12 (*Sægr heitir sár* usw.) und 14 (*flugu hrafnar tveir* usw.) (Möbius nr. 6 und 8 s. 205—6) nicht „kinderreime" sein?
2) Doch nur alliterierende formel.

gefunden hätte, wird man kaum wahrscheinlich finden. Und jedenfalls vermögen die oben angeführten spuren und fragmente der lieder nichts weiter zu erhärten, als dass solche lieder existiert hatten, dass man den inhalt (die mythen) noch sehr wol wuste, manche strophe (besonders wechselreden) noch herzusagen im stande war, auch bisweilen, wo man letzteres nicht mehr konte, doch eine einigermassen feste prosaische überlieferungsform hatte, worin sich die alliteration noch bisweilen kundgeben konte. Am vollständigsten wird man (von den jetzt besprochenen) noch das Balders- und Hermods-lied gehabt haben. Falls die sache so stand, würde es mit der überlieferung dieser mythenpoesie ebenso ausgesehen haben, wie mit derjenigen der älteren Nibelungendichtung.

Diese ansicht gewint nun ausserordentlich an stärke und sicherheit, wenn wir uns vor augen stellen, einerseits, dass diese nur fragmentarisch hervorblickenden lieder zur ächten, volkstümlichen, direct darstellenden, einfach besingenden poesie [1] gehört haben, einer epischen und dialogischen poesie, wo von den späteren künsteleien noch nicht die rede war, andrerseits, dass von den wirklich erhaltenen liedern, denen der „Sämundar-Edda," näher besehen nur zwei zu dieser altertümlicheren klasse gehören, nämlich die þrymskvida und das Skírnismál, während die übrigen, jedoch in verschiedenem grade, sich als übersichts- und gelehrsamkeits-lieder, oder gar als willkürliche experimente herausstellen. Übrigens wäre es ja wol denkbar, dass jene beiden (besonders das Skírnismál) ebenfalls nicht ohne erneuernde bearbeitung so ziemlich vollständig vorliegen könten; nur müste dann die erneuernde hand in beiden fällen (und wol ganz besonders bei der einfacheren þrymskvida) eine meisterhafte gewesen sein. Dass von den beiden formen die epische (wie in þrymskv.) älter als die dialogische (wie in Skírn.) ist, folgt von selbst. — Dass jüngere lieder in der „Sämundar-Edda" (z. b. Völuspá) manches mit wenig oder ohne veränderung aus älteren werden herübergenommen haben, ist ferner in der natur der sache begründet.

Bei der älteren (der nicht „litterarischen") mythenpoesie spielt die frage über norrön oder nicht norrön eine weniger bedeutende rolle. Denn teils waren ja die meisten mythen urgermanische, teils ist es wahrscheinlich, dass einige sich von den Deutschen her nach dem norden verbreitet hatten. Und die überlieferung und verbreitung wird in älterer, in heidnischer zeit ununterbrochen besonders durch lieder vor sich gegangen sein. Es ist daher grade was wir von vornherein hätten erwarten

---

[1] Nur über das *Heimdallargaldr* und das lied, woraus das *Glasir stendr* usw. (wenn übrigens dies ein götterlied war) hergenommen ist, können wir keine bestimtere meinung haben.

müssen, wenn dann und wann sehr ähnliche stellen, oder gar fast dieselben strophen, bei anderen germanischen völkern anzutreffen sind (wie derartiges auch in der Nibelungendichtung zu erwarten gewesen wäre, falls wir nämlich hinlänglich alte nichtnorröne Nibelungenlieder hätten). Bugge mag vielleicht recht haben, wenn er (s. LXX) meint, die strophe 3 der Völuspá (.. *jörd fannsk æva, né upphiminn*..) verglichen mit dem Weissenbrunner gebete (.. *dat erda ni was, noh ûfhimil*..) erweise sich (zum teil) als eine wenig veränderte urgermanische. Der wesentliche inhalt der früher erwähnten beiden strophen aus einem liede über Njördr und Skadi komt bei Saxo[1] in lateinischer versificierter paraphrase vor, jedoch in eine andere sage (die von Hadding und Regnild) verwoben. Das lied könte demnach ein ursprünglich gemeinsames sein. Da es aber gar sonderbar ist, dass eben nur genau die beiden selben strophen sich auf Island und in Dänemark erhalten hätten, entsteht der verdacht, sie möchten norröues specialgut sein, das sich irgendwie nach Dänemark und in eine ganz andere dänische sage verirrt hätte. Ferner wird der wesentlichste inhalt der þrymskvida in einer schwedischen und in einer dänischen Kæmpevise erzählt; und von einer entsprechenden norwegischen hat man noch eine strophe übrig.[2] Man überzeugt sich leicht, dass die Kæmpeviser eben der þrymskvida entstammen können, dass aber das umgekehrte verhältnis nicht anzunehmen ist, dass somit (in diesem einen falle) dem umstande, dass Snorre das isländische lied nicht benutzt,[3] keine eingreifende bedeutung beizulegen ist. Da nun der mythus ein urgermanischer sein wird, hätten wir auf den ersten blick ursache, die þrymskvida für ein urgemeinsames lied zu halten, das sich in Norwegen, Schweden und Dänemark in die drei Kæmpeviser verwandelt hätte. Näher besehen ist dies dennoch keine natürliche, sondern eben eine extravagante auffassung. þrymskvida ist das einzige erhaltene epische mythenlied ächt volkstümlichen und antiken gusses.[4] Nun wäre es doch gar zu erstaunlich, falls ganz unabhängiger weise wider dieses lied in drei andern ländern das einzige heidnische mythenlied (in mittelalterlicher neubearbeitung) wäre. Es ist viel einfacher, anzunehmen, auch die Kæmpevise sei eine norröne, in Dänemark und Schweden eingeführte.[5]

1) Müllers ausg. I. s. 53. 55.
2) Nr. 1 in den samlungen von Sv. Grundtvig und von Arwidson; bei Grundtvig steht auch die norwegische strophe angeführt.
3) þrymr steht aber in der Snorra-Edda unter riesennamen.
4) Ein solches ist nämlich die Hymiskvida nicht; hierüber weiter unten.
5) Sprachliche indicien dieses verhältnisses wären das *Locke* und das *Loye (Leic, Lewe)*, indem man im Dänischen wol eher ein *Loye* statt *Locke* zu erwarten hätte, und *Loie* oder *Leie*, wie auch das *Frojenburg* des schwedischen liedes, auf norröne diphthongische aussprache deutet *(Laufey, Freyja)*; das *Huffsgaard* (= *Asgardr*)

Auch mit manchen andern Kæmpeviser muss solches der fall sein,[1] wie denn auch Saxo (obschon er keinen isländischen einfluss auf die ordnung der eigentlichen dänischen königssage zuliess) verschiedene norröne specialsagen hat.[2] Es liegt nun eben am tage, dass von den drei Kæmpeviser eine die grundlage der beiden andern ist. Es lässt sich demnach auch nicht einmal von der Þrymskviða erweisen, sie sei ein „südskandinavisches" lied; wie viel weniger von irgend einem andern Eddaliede? Dass Þrymskviða und Skírnismál wol norröne indicien enthalten, ist früher erwähnt. — An der übermässig langen zauberrede im Skírnismál mag man jetzt anstoss nehmen. Sonst muss man diesen beiden liedern bedeutenden dichterischen wert zugestehen.

Es giebt freilich noch ein mythisches lied mit epischer und directer (weder prophetierender noch memorierender) darstellung des inhaltes, nämlich die Hýmiskviða. Es ist aber dennoch eben so wenig wie die Atlenlieder ein wirkliches, uraltes volkslied. Eben wie bei den Atlenliedern macht die garstige form, das offenbare widererzählen, die unnatürliche redeweise, die abwesenheit wahrer poesie, eine vielhundertjährige volkstümliche überlieferung undenkbar. Die vielen und gesuchten *kenningar* und die behandlung des metrums deuten auf die spätere „skaldenzeit," und wol am ehesten auf Island hin. In der mythendarstellung zeigt sich eine doppelte vermengung nicht zusammengehörender dinge. Erstens ist Hýmir (mit dem Thor auf fischfang ging) mit Ýmir (bei dem Thor den kessel holte) zusammengeworfen, was bei Snorre noch nicht der fall ist, wenigstens noch nicht realiter, indem Snorre (ohne zweifel auf einem wirklichen volksliede fussend) den fischfang ohne zusammenhang mit dem kesselholen erzählt,[3] obschon die handschriften zwi-

könte sogar speciel anf die isländische und zum teil westnorwegische aussprache von *á* wie *au* deuten.

1) Für norrön halte ich auch die von *Angelfyr* (= *Angantýr;* nr. 19 bei Sv. Grundtvig); ferner die von *Sveidal* (= *Svipdagr;* nr. 70); die von *Kragelil* (= *Kráka, Áslaug;* nr. 22, 23), indem ja Saxo die geschichte mit *Kráka* und *Ragnar* nicht kent (also nicht nur die anknüpfung an die Nibelungensage, sondern sogar diese geschichte selbst muss eine norröne sein).

2) Z. b. die von *Ano sagittarius* (= *Ann bogsveigir);* die von *Refo Thylensis* (= *Gjafa-Refr)* und dem freigebigen könig Götrik (den Saxo für eins mit dem berühmten Gotfrid hielt). Die mythe von *Geruth* (= *Geirröðr)* erklärt Saxo für eine aus Island hergebrachte (*Geruthi acceptam a Thylensibus famam).* Norrön ist die sage von Örwarodd und Hjalmar, somit auch die von Angantyr; so auch einiges in der von Starcath (Starkand), welche ja dennoch in ihren grundzügen eine urgermanische sein wird, wie ja auch Saxo wuste, dass Starkandsagen in Deutschland verbreitet waren (anders kann ich die worte s. 274 nicht verstehen: .. *etiam apud omnes Sveonum Saxonumque provincias speciosissima sibi monumenta pepererat).*

3) I. 166 f. (bei E. 35 f.).

schen den beiden namen Hýmir und Ymir schwanken, was wir indessen nicht dem Snorre selbst zuzuschreiben brauchen. Es wird dies eine isländische vermischung zweier namen und später zweier sagen sein. Zweitens ist nun hiermit auch der vorfall mit dem hinkenden bock in verbindung gebracht, den Snorre (auf einem wirklichen volksliede fussend) mit Thors reise nach Útgarðr verknüpft. Snorre hat die Hýmiskviða entweder nicht gekannt, oder mit vorsatz nicht benutzt. Es ist sehr möglich, dass sie erst im 13. jahrhundert verfasst ist. Jedenfalls können wir sie unbedenklich für einen isländischen litterarischen versuch halten, womit auch die worte in str. 38 wol übereinstimmen: *hverr kann um þat goðmáligra görr at skilja?* d. i. „wer von den mythologen kann hierüber [über den vorfall mit dem bock] specieller handeln?"

Die übrigen lieder (welche im gegensatz zu den drei jetzt besprochenen voraussetzen, dass der zuhörer den stoff schon inne hat) sind gelehrsamkeitsgedichte, übersichts- und repetitionsgedichte, mit indirecter, prophetierender, memorierender, katechisierender, oder auch disputierender („*senna*") darstellung mythischen stoffes; eins derselben, das Alvíssmál, übrigens eigentlich nicht einmal ein mythisches.

Dass nun derartige darstellungsweise auch schon in heidnischer zeit, sogar vor der entdeckung Islands, wird in anwendung gewesen sein, möchte ich nicht läugnen. Man bedenke aber, dass $^7/_{10}$ dieser lieder von so unprimitiver, so wenig volkstümlicher art sind. Sie sind einer generation angemessen, der es bei den mythen zunächst am memorieren der specialia, am paradieren mit diesen, gelegen war. Sind es derartige lieder, die man ohne zeugnisse, ohne beweise, bloss mit berufung auf die vermeintliche obherschaft dänischer „cultur," dem „älteren und mittleren eisenalter" in „Südscandinavien" zuweisen kann? Wie könten eben solche „südscandinavische" lieder eine einheimische norröne liederdichtung überflüssig oder gar unmöglich machen? Ist es nicht sehr wahrscheinlich, dass die Isländer sich auch mit dem versificieren ihrer mythologischen gelehrsamkeit abgegeben haben solten? Und hätte man nicht eben derartige lieder von den Isländern zu erwarten?

Das vornehmste dieser lieder ist die Völuspá. Wer würde den hohen, nicht nur mythologischen, sondern auch poetischen wert dieses gedichtes läugnen wollen? Hat man es aber damit sofort für das älteste aller Eddalieder, oder gar für ein urnordisches zu erklären? Es war in seiner vollständigen gestalt eine gedrängte, excerpierende übersicht der götterlehre. Es wird manches aus älteren liedern unverändert herübergenommen haben. Nicht aber solche excerpte sind es, wie das über Gullveig, das über Óðs mey und Þórr, das über Baldr, Höðr und Loki, das über Odins und Widars kampf mit dem wolf, das über Thors mit dem wurm, die sich viele jahrhunderte hindurch mündlich würden erhalten haben. Es finden sich unantike wendungen, wie *þá kná Vala vígbönd snúa (heldr váru hardgör höpt) ór þörmum* nach skaldenmanier mit solcher parenthese, und *Vala þörmum* weit auseinander getrent; *lætr hann megi hvedrungs mund um standa hjör til hjarta;* so unter den nicht wenigen *kenningar* einige von den gesuchteren; ferner das kaum sehr alte fremdwort *dreki;* das verdächtige *godþjód* (vgl. oben s. 17), das auf einfluss der deutschen heldensage deuten möchte (eben wie im Vafþr. das *Hreidgotar*,[1] im Hárb. das *Valland*, im Grimn. das *Rín*); weiter verschiedene indicien norröner landesnatur, vor allen das speciel isländische *hvera lundr;* endlich das „*stef*". Es wird aller wahrscheinlichkeit nach ein isländisches gedicht etwa aus dem 10. jahrhundert sein, welches am anfang und ende (vielleicht auch sonst) etliches aus ältern, nicht excerpierenden liedern unverändert möchte aufgenommen haben. Einem christen würde es nicht zuzuschreiben sein, obschon besonders die stelle *brædr munu berjask* usw. verdacht erregen möchte.[2]

. Auch die Lokasenna, meine ich, könte man sich wol von einem heiden verfasst denken. Natürlich auch von einem christen, doch nicht von einem eigentlichen eiferer für das christentum. Der verfasser spricht *sine ira;* sein standpunkt ist ein weltlicher, zudem ein frivoler und indifferenter. Aber freilich ist sein gedicht offenbar nichts, als eine übersicht der schwächen, der angreifbaren punkte in der götterlehre. Und obschon die amüsante, unwiderlegliche kritik das gedicht wol populär machen konte, kann ich mir doch nimmer denken, dass dies die uralte form der sage vom zwist Lokes mit den göttern wäre. Es liegt dahinter eine ältere, die dem verfasser unseres liedes nur zum motiv gedient hat, um seine ketzerische kritik in dramatische form zu bringen. Es wird früher nur von einem wortwechsel die rede gewesen sein, worin

---

1) Dass sich die Dänen, der behauptung Snorres gemäss, jemals Goten (anders als in der bedeutung „männer") oder gar (wie die deutschen Goten) Hredgoten genant hätten, davon findet sich meines wissens keine spur bei Saxo noch auch sonst in Dänemark. — *Hreidgotar* in Vafþr. 12 möchte appellativ sein, erweist sich übrigens mit angelsächsisch *Hrédgotan* verglichen als fremdwort

2) Die in Haupts zeitschr. VII. 315 f. aufgeführten zeugnisse bezeugen die existenz der mythen, nicht die der Völuspá (ausgenommen vielleicht die stelle bei Arnor Jarlaskald um die mitte des 11. jahrhunderts, und die bei Gunnlaug im 12.). Bei den daselbst citierten vermeintlich dem 9. jahrhundert zugehörenden gedichten läugne ich ja überdies auch die authentie. — Hier möchte ich die bemerkung anbringen, dass ich Möbius bedenklichkeiten (zeitschr. I. 408) gegen Bugges ordnung der Völuspá beitrete. Beweisen lässt sich die richtigkeit derselben jedenfalls nicht, weshalb ausgaben sich derselben enthalten solten. Dem übersetzer ist sie ganz gewis lockend genug.

Loke sich offen rühmte, den tod Balders verursacht zu haben, also den göttern juridischen gruud gab, ihn gefangen zu nehmen und zu binden. Dies ist mythologisch das hauptmoment, ist auch in unserm liede nicht verschwunden, indem Loke sich jener tat rühmt (wie denn auch Balder, Nanna und Höðr abwesend sind). Niemand wird aber hierin das eigentliche sujet unseres liedes sehen. Unser lied hat nicht mehr den unmittelbaren mythologischen zweck. Das sujet desselben sind eben nur die kritischen details; der mythus ist ihm nur ein äusserliches motiv. Dass auch das heidentum seine freidenker hatte, brauchen wir eben so wenig zu bezweifeln, wie, dass es eine komische poesie wird gehabt haben. Wir müssen es denn wol als unentschieden stehen lassen, ob unser gedicht von einem heiden oder einem christen herrührt. An speciellen fingerzeigen ist es arm.[1] Es deutet (wie auch das Harbardslied) auf einige uns nicht näher bekante, offenbar unanständige, sagen hin. Mit detaillierter mitteilung solcher sachen waren die Isländer gewöhnlich zurückhaltend (so besonders Snorre). Der lückenfreie text ist (wie auch bei Vafþr., Hárb., Vegt., Alv.) nicht eben zeichen sehr langer mündlicher überlieferung.

Noch ärmer an bestimmenden einzelheiten war ursprünglich das Vafþrúðnismál, eine katechisierende senna, die sich ein viel bescheideneres ziel stellt, als die Loka-senna, indem sie nur (übrigens in sehr sauberer form) eine anzahl mythologischer detailkentnisse auftischt. Der abschnitt str. 44—53 wird eine hinzudichtung sein (älter als Snorre, jünger als Alvíssmál). Denn ursprünglich wird natürlich Vafþrúðnir 12 fragen beantwortet haben, bei der 13. aber stecken geblieben sein. Die 5 fragen (und antworten) nach der 12. sind später eingeschoben, und zwar erst wol nur die 4, welche in der manier des liedes bleiben, wogegen die vorsätzlich rätselhafte in str. 48—49 wol von einer dritten hand interpoliert wäre. — Die hinzudichtung widerstreitet sowol der Völuspá als dem ältern teil des Vafþrúðnismál, indem str. 50—51 schwerlich andern' sinn haben können als den, dass nach dem Ragnarök nur vier götter leben: Viðarr, Vali, Móði, Magni, wogegen Völuspá Höðr, Baldr, Hænir und näher besehen alle æsir leben lässt, wie auch Vafþrúðnismál 39 den Njörðr als lebend und zu den Wanen zurückgeschickt erwähnt, was (eben wie die stelle in Völuspá) rück-auswechselung des Njörðr und des Hænir, somit existenz sowol der Asen als der Wanen

---

1) Das Sámsey der str. 24, wol die insel im Kattegat, braucht eben so wenig wie Hlésey in Hárb. 37 (falls dies das Läsö im Kattegat ist) kentnis dänischer sagen (somit späte zeit) zu bezeugen, indem ja einheimische norröne sage ebensowol solche allbekante inseln verwenden konte, wie einheimische dänische sage norröne, schwedische, deutsche, englische, slawische länder.

impliciert. Die hinzudichtung in Vafþrúðnismál unterliegt also dem stärksten verdacht, auf blossen misverständnissen älterer liederbruchstücke zu beruhen, also von einem christen herzurühren. Bei der behauptung der str. 47, dass es *Fenrir* sei, der die sonne verschlinge, brauchen wir also weder *Fenrir* nach skaldenmanier a p p e l l a t i v stehen zu lassen, noch auch an irgend welche urindogermanische identification des höchsten gottes und der sonne zu denken, sondern einfach an misverständnis eines *ulfr* in einem ältern bruchstück. Somit wäre die ganze hinzudichtung als mythologische quelle zu verwerfen, also auch die mit Völuspá wenig vereinbare stelle (45) über *Líf* und *Leifþrasir* ziemlich wertlos, oder nicht leicht verwertbar. — Die hinzudichtung hat endlich auch noch dem liede einen neuen schluss geschafft: *feigum munni mælta ek mína forna stafi ok um ragna rök*, indem ja Vafþrúðnir erst in derselben, nicht im ältern teile von *ragna rök* geredet hatte (wenn man nicht etwa an die f r a g e str. 17 denken wollte). Der aufzeichner gibt sowol den alten schluss (*ní ek við Óðin deildak* usw.) als den neuen, dass man nach belieben wähle.

Das G rim n is m á l ist nichts als eine vorratskammer mythologischer specialia, die man in solcher form memorieren wollte. Der ramen ist einer sonst unbekanten norrönen heldensage entlehnt, in der man Odin in einer situation hatte, wo es ihm vermeintlich passend wäre, solche gelehrsamkeit auszukramen. Nach dem ersten plane hätte er vielleicht nur die 12 vornehmsten götterwohnungen herzählen sollen (str. 4—17), wo er wol schon lückenhafte vorstellung von der götterwelt verrät. Das erst weggelassene *Alfheimr* ist nachher in str. 5 eingeschaltet worden, so dass, der ausdrücklichen zählung der handschrift zuwider, jetzt 13 wohnorte erwähnt stehen. Str. 18—50 folgt eine polterkammer mit allerlei details, die übrigens der verfasser selbst [1] als erweiterung des repertoriums hinzugefügt haben könte. Verschiedenes wird andern liedern entnommen sein, so str. 40 (*ór Ýmis holdi* usw.) vielleicht direct dem Vafþr. str. 21. Snorre kante das lied in der jetzigen gestalt. Es wird ein isländisches und schwerlich ein heidnisches sein.

Wider ein gelehrsamkeitslied in der beliebten form der *senna* ist das H á r b a r ð s l j ó ð, in welchem ich eben so wenig eine tiefe absicht,[2]

---

1) Vgl. diese zeitschr. bd. 1 s. 414.
2) Man hat gemeint, das lied sei frucht und abbild eines kampfes zwischen dem Odinscultus und dem Thorscultus, obendrein so, dass ersterer den vornehmen, letzterer den „bauern" eigen gewesen wäre. Ein solcher kampf zwischen beiderlei cultus hat nicht existiert. Der tempelcultus sowol Thors als Odins (und aller götter) war nur in den händen gewisser vornehmer geschlechter, die das recht zur goden-würde hatten. Thor war bei den vornehmen eben so beliebt wie bei den

noch auch einen „tiefkomischen humor" zu sehen vermag, wie in der Lokasenna eine „tieftragische zerrissenheit." Mit dem wirklichen humor der Lokasenna hat dieser kraftlose, trockene, langweilige versuch nichts gemein, obschon der verfasser wol den frivolen indifferentismus der Lokasenna hat copieren wollen; dass er dieselbe vor augen hatte, macht die zeile (in 26) *ok þóttiska því þá þórr vera* (die ebenso in Lok. 60 steht) wahrscheinlich, wenn auch nicht gewis. Sein zweck ist nur, mittelst einer *senna* seine „*forna stafi*," seine gelehrsamkeit in den Odins- und Thors-mythen, besonders den in isländischen schriften ungern behandelten, paradieren zu lassen. Es ist ein durchaus „litterarisches" product. Und wenn die Snorra-Edda von demselben nichts weiss, mögen wir dies, in verbindung mit den übrigen verhältnissen (so auch sprache und versification), als indicium betrachten, dass das Harbardslied ein isländisches product des 13. jahrhunderts ist. Als mythologische quelle kann es sich nicht neben die Snorra-Edda stellen; so wenn str. 19 Thor zum töter des Thjasse macht, der die augen Thjasses an den himmel wirft, was dem bericht der Snorra-Edda (I, 214) widerstreitet, haben wir dem Snorre die grössere zuverlässigkeit beizulegen. Es ist wol möglich, dass das „motiv" des liedes eine mythe war, in welcher Odin, verkappt, dem Thor eine überfahrt verweigerte. Das lied kann aber nicht die urnordische einkleidung einer solchen mythe sein; es enthält nur die isländische „litterarische" verwendung der einzelnen situation.

Der „ramen" der Vegtamskvida kann hingegen keine ächte mythe enthalten. Der ritt Odins nach Helheim wird nur eine ganz willkürliche nachbildung von Hermods ritt sein. Denn falls Odin genau dasselbe, was er in Völuspá 36—38 (bei Bugge 31—33 [1]) von der daselbst memorierenden *völva* vortragen hört, schon vor Balders tod (nach dem rat aller götter) bei einer andern *völva* als prophetie angehört hatte, hätte er weder gestatten können, dass man dem *mistilteinn* keinen eid abforderte, noch auch dass Hödr zur belustigung der Asen den *mistilteinn* auf Balder warf, noch auch überhaupt, dass man mit Balder einen bei so traurigem bewustsein seines schicksals gänzlich abgeschmackten scherz triebe. Man wird es somit nicht als zuverlässige mythische züge behandeln können, wenn die *völva* in Helheim statt in Jötunheim begraben ist, und wenn die wohnung in Helheim wie ein griechisches elysium, wie ein „schönes" haus voll gold und lustiger getränke, geschildert wird. Übrigens möchte ich nicht läugnen, dass grade diese einleitung (str. 1—7 [2]) von poe-

ärmeren; er war kein ackerbauer. Eben die vornehmen waren ackerbauer und *bœndr*.

1) Bei Lüning str. 36—37 und die note hiezu.
2) Bei Möbius das nicht eingeklammerte in 1—11.

tischem talont zeugt. Es folgt (str. 8 12 [1]) das wirkliche sujet des liedes: prophetierende übersicht der Baldersmythe, mittelst dialogisierender (katechisierender) paraphrase der betreffenden strophen (36 — 38) in Völuspá. Einmal (str. 11: *Rindr berr* usw.) kann der paraphrast sich hiebei nicht mit 8 zeilen behelfen, sondern muss dies eine mal 10 gestatten. Schon in der Völuspá ist das *meidr* (baum), vom *mistilteinn* gebraucht, nicht eben zeichen autoptischer kentnis dieser pflanze; die worte sind: *stód um vaxinn völlum hærri mjór ok mjök fagr mistilteinn.* Dies hat nun der verfasser der Vegt. obendrein so verstanden, als ob der *mistilteinn* ein hoher (*völlum hærri*) und herlicher (*mjök fagr*) baum wäre, indem er sagt: *Hödr berr hávan hródrbadm þinig.*[2] Aus den letzten worten hieselbst in Völuspá, nämlich *en Frigg um grét í Fensölum vá Valhallar* macht Vegt., nach dem vorbild anderer lieder (so des Vafþr.) ein rätsel (ein sehr abgeschmacktes), womit Odin die scene verlassen kann: *hverjar 'ro þær meyjar, er at muni gráta, ok á himin verpa halsa skautum?* (*skötum, sköttum?*). Die zu gebende antwort wird gewesen sein: Friggs augen. Es folgen dann die beiden ungeschickten schlussstrophen. — Die sechszeilige formel in str. 1 wird der str. 14 der þrymskv. entnommen sein. — Die Snorra-Edda weiss von unserm liede. nichts. Auch fehlt es in der eigentlichen „Sämundar-Edda." Es steht erst in der Arnam. handschrift (nach 1300). — Alle umstände zusammengenommen, wird es förmlich unnatürlich, dasselbe für irgend etwas anderes als einen isländischen litterarischen versuch des 13. jahrhunderts zu halten.

Das Alvíssmál endlich (ziemlich uneigentlich ein „götterlied") ist freilich etwas älter, jedenfalls älter als die Snorra-Edda (auch als die hinzudichtung zu Vafþr.), wird aber schwerlich eine wirkliche mythe zum ramen benutzt haben, geschweige in heidnischer zeit entstanden sein. Es ist dem Vafþr. nachgebildet, also wieder ein beispiel der engen litterarischen verknüpfung unserer wenigen götterlieder, womit es so sehr wol stimt, sich wenigstens die mehrzahl derselben innerhalb eines nicht überaus langen zeitraums und auf Island verfasst zu denken. — Machen wir zum verständnis des liedes ein gedankenexperiment. Lassen wir eine

---

1) Bei Möbius 12—16.
2) Zu diesem *þinig*, „hieher," d. i. nach dem orte, wo Balder stand, wo also der gedanke eben verweilt, vergleiche man *féll hér i morgun at Frekasteini* in Helg. Hjörv. 39, und Bugge in der note zu dieser strophe. — Sonderbar genug tritt Bugge dennoch der erklärung bei, dass *hródr-badmr (-barmr)* bezeichnung des Balder sei. Aber weder könte *bera* hier „schicken" bedeuten, noch auch Hödr den Balder nach Helheim tragen, noch auch der transport nach Helheim vor dem töten Balders *(hann man Baldri at bana verda)* stehen.

anzahl altertums- und skaldendichtungs-kundiger Isländer beisammen sein, die sich auch mit litterarischen exercitien die zeit vertreiben. Es wird die aufgabe gestellt, in katechisierender form, nach muster des Vafþr., eine samlung von 6 mal 13 *kenningar* und anderen *heiti* für erde, himmel, mond, sonne usw. zu liefern. Derjenige, dem dies zufällt, löst die aufgabe genau, kann sich aber nicht enthalten, über diese art gelehrsamkeit und poesie ein wenig zu ironisieren. Den gelehrten macht er zum „allweisen" zwerg, der den Wafthrudne noch übertrifft, indem er auch die 13. frage beantwortet, und der dennoch in seinem eifer nicht bemerkt, dass sogar der ungelehrte und unweise Thor doch mehr klugheit hat, und dass seine gelehrsamkeit beim ersten strahl des tageslichts unnütz wird und in nichtigkeit vergeht. Noch deutlicher wird die ironie, wenn man sich erinnert, dass dieser geistige zwerg sich einer nähern verbindung mit den grösten himlischen mächten fähig glaubt. Obgleich die *heiti* das sujet sind, meine ich also, dass der Isländer auch eine andere idee hineingebracht hat, wodurch das lied erst erträglich wird.

Bei der mehrzahl der götterlieder deuten demnach charakter und litterarische verhältnisse durchaus nicht auf „das ältere und mittlere eisenalter" in „Südscandinavien," noch auch zunächst auf die wikingzeit hin, sondern vielmehr auf ein mehr „litterarisches" zeitalter, somit auf Island. Die litterarische einkleidung (den ramen) abgerechnet, werden sie im ganzen, obschon nicht unbedingt, als zuverlässige quellen zur mythologie gelten müssen, stimmen auch (Hým. ausgenommen) sehr wol mit den erzählungen der Snorra-Edda, und mit den mythologischen beziehungen in „Skaldenliedern," **so dass in der isländischen litteratur nur ein stadium der mythenentwickelung vorliegt, nämlich das späteste norröne.**

Übrig bleibt die didaktische poesie, d. h. das Hávamál. — Obschon dasselbe wieder aus drei liedern besteht, meine ich (wie beim Hyndluljóð), dass an keine willkürliche zusammenwerfung zu denken ist. Dieselbe persönlichkeit; dieselbe, nicht hohe, art [1] dichterischer fähigkeit, charakter, ton, manier; lebensanschauung; dieselbe lockere moral; die in allen drei teilen vorkommenden beziehungen zur mythe vom dichtermet (welche übrigens mit Snorres erzählung übereinstimmen, nicht aber grundlage derselben sind, wozu sie, als blosse fragmentarische andeutungen, unbrauchbar waren); ferner die ebenfalls in allen drei teilen vorkommende beziehung zur *höll Háva:* — alles zusammen beweist mir, dass

---

[1] Grossenteils *truisms:* vgl. Thorpe, Cod. Exon. p. VIII—IX.

alle drei teile von **einem** verfasser herrühren, der dieselben, als eine trilogie, selbst verknüpfte, und zusammen als eine samlung von *mál Háva* wollte betrachtet wissen, übrigens wol sprichwörter und stellen aus andern liedern adoptierte, wie denn andrerseits einige von den interpolationen (z. b. str. 84—86) von andrer hand herrühren mögen. Nähere ausführung ist hier weniger nötig, indem die früher erwähnten beweise norwegischer herkunft (worauf es hier ankommt), nicht nur im ersten abschnitt vorkommen (was denn ferner den gemeinsamen ursprung noch äusserlicher bestätigt). — Dass das Sigrdrífumál nachahmung der beiden letzten abschnitte (also eigentlich nicht den heldenliedern zuzuzählen) ist, (was ein zeugnis für das zusammengehören dieser beiden abschnitte hinzufügt), habe ich früher erwähnt.

Nachträgliche bemerkungen.

1. Den bezeichnungen „älteres, mittleres, jüngeres eisenalter" wünscht die redaction eine erörternde bemerkung beigefügt, weil dieselben in Deutschland unüblich, auch, nebst den verwanten „broncealter" und „steinalter," in ziemlichem miscredit seien. Die jetzige chronologische bestimmung von seiten der dänischen archäologen [1] ist diese:
„älteres dänisches eisenalter" c. 250—450 n. Chr.
„mittleres dänisches eisenalter" c. 450—700.
„jüngeres dänisches eisenalter" c. 700—1030;
so dass also das „jüngere eisenalter" etwa 100 jahre vor der in demselben einbegriffenen eigentlichen wikingerzeit (d. h. der zeit der grossen dänischen und norwegischen plünderungs- und eroberungszüge über die nordsee im 9. 11. jahrhundert) angefangen hätte. Vor c. 250 n. Chr. stellen unsere archäologen das dänische „broncealter" von unbestimbarer dauer, und vor dieses natürlich das „steinalter." Über nationale verhältnisse dieser beiden perioden haben sie es *pro tempore* aufgegeben, irgend etwas bestimteres zu behaupten, während sie jedenfalls die herschende bevölkerung im ganzen „eisenalter" für eine germanische halten. Ich bitte zu bemerken, dass ich diese benennungen vermeintlicher perioden mit hinzugefügten citationszeichen zu verwenden pflege, indem ich dieselben **nicht als die meinigen** adoptiere, sondern sie nur deshalb habe gebrauchen müssen, weil ich mit einer dänischen theorie zu tun habe, die sich so formuliert hat: „Die Eddalieder (wesentlich in der noch vorliegenden gestalt) sind in Dänemark (vielleicht auch

---

[1] Siehe z. b. den 1869 publicierten katalog *(„Ledetraad")* des *Museum for nordiske Oldsager.*

in Südschweden) im ‚älteren und mittleren eisenalter' verfasst;" dem gegenüber sich meine ansicht so formulieren muste: „unsere Eddalieder sind auf norrönem boden, zwar zum teil schon im ‚jüngern eisenalter' (nämlich in der eigentlichen wikingerzeit), doch in der vorliegenden gestalt gröstenteils erst nach dem ‚jüngern eisenalter,' und zwar meist auf Island, verfasst; die deutsche heldensage war schon in der wikingerzeit im norden, sogar auf norrönem boden, verbreitet, ob noch früher, ob schon vor dem ausgang des ‚mittlern eisenalters,'[1] wissen wir nicht." Natürlich kann ich die möglichkeit so früher einwanderung dieser sage nicht läugnen, indem ich ja eben die möglichkeit so früher oder noch früherer einwanderung gewisser göttersagen angedeutet habe, ausserdem an so frühe oder noch frühere einwanderungen deutscher herschergeschlechter mit ihren gefolgen zu glauben geneigt wäre, welcher art einwanderungen natürlich manche deutsche sage sowol, als auch die runenschrift, hätten mitbringen können.

Ich ergreife diese gelegenheit, um eine berichtigung anzubringen, die am schicklichsten von einem Dänen vorzubringen ist, deren veröffentlichung mir aber dennoch in Dänemark schwierig werden würde. Es haben sich die dänischen archäologen der jetzt herschenden schule bemüht, und es ist ihnen auch gelungen, nicht nur in Dänemark, sondern in Europa die vorstellung zu verbreiten, dass die periodeneinteilung in ein „stein-, ein bronce- und ein eisenalter" eine originale idee dieser schule, etwas vor dieser schule nicht dagewesenes, eine „entdeckung" von seiten dieser schule sei. Der verstorbene Thomsen habe zuerst (in *Ledetraad til nordisk Oldkyndighed*) im jahre 1836 diese idee, zunächst nur noch als vermutung, aufgestellt; Worsaae, und nebenbei andere Kopenhagener archäologen hätten sie dann weiter gesichert und articuliert.[2] Ich bin in der archäologischen litteratur wenig belesen und kann es nicht unternehmen, die alte natürliche vorstellung von früherem gebrauch der steine als der metalle litterarisch zu verfolgen. Ich begnüge mich damit, die Thomsensche entdeckung in ganz demselben umfange wie 1836, schon aus dem jahre 1813 zu belegen, nämlich aus der *Udsigt over Nationalhistoriens ældste og mærkeligste Perioder*, T. I, 2. hälfte, wo die ganze theorie s. 73—76 zu lesen steht. Dies buch ist von dem in Dänemark noch allbekannten, aber heutzutage wol nur noch von dänischen fachmännern der altertumswissenschaft gelesenen, Vedel

---

1) D. h. zunächst des dänischen „mittleren eisenalters;" es ist nicht eben die meinung der archäologen, dass die chronologischen bestimmungen ganz unverändert auf Schweden und Norwegen passen müsten.

2) Vgl. z. b. Worsaae *Blekingske Mindesmærker* 1846 s. 4 note 1; und in *Aarbøger f. nord. Oldkyndighed* 1866 s. 112.

Simonsen verfasst. S. 76 schliesst er seine ansicht in folgende worte zusammen: „Die waffen und das hausgerät der Urskandinavier waren also zuerst von stein und holz; später lernten sie das kupfer zu bearbeiten (... sogar dasselbe zu härten[1]), und, wie es scheint, am spätesten das eisen. ... Ihre culturgeschichte könte man also, von dieser seite aus betrachtet, in ein stein-, ein kupfer- und ein eisen-alter einteilen, obschon diese keinesweges durch so entschiedene grenzen getrent waren, dass das eine nicht in das andere hineingereicht hätte, und dass nicht die ärmeren klassen nach einführung der mittleren [gerätschaften] noch fortgefahren hätten, die ersten zu gebrauchen, so auch die mittleren nach einführung der letzten, wie solches ja auch in unsern tagen mit gefässen aus thon, zinn und porcellan der fall gewesen ist." [2] Vedel Simonsen ist zu loben, weil er die einfache benennung „kupferalter" nicht mit der affectiert lautenden, und von allgemeinerem standpunkte aus unpraktischen „broncealter" vertauschte, obschon es ihm nicht entgangen war, dass das kupfer „gehärtet" war. — Von einer Thomsenschen „entdeckung" darf also die rede gar nicht sein. Das hauptsächlichste der weiteren gliederung des systems ist die aufstellung eines „älteren, mittleren, jüngeren eisenalters." Worsaae hatte früher den anfang des eisenalters auf c. 700 „festgestellt." Wahrnehmungen (besonders des archivars Herbst) liefen bald dieser annahme zuwider; und das blosse aufgeben einer vollständig aus der luft gegriffenen jahreszahl ermöglichte zwei (oder wenn man will drei) neue „entdeckungen," die „entdeckung des älteren eisenalters," und die „entdeckung des mittleren eisenalters" (somit auch die eines „jüngeren"). — Natürlich lässt sich die frage nicht abweisen, ob die Thomsensche „entdeckung" ihre europäische berühmtheit einer nicht-belesenheit der Kopenhagener archäologen, oder dem Kopenhagener kameradenwesen zu verdanken hat. Es lässt sich leider ein nichtgelesenhaben früherer archäologischer arbeiten, speciel der Wedel-Simonschen, sämtlichen Kopenhagener archäologen nicht zutrauen. Und leider steht der hier besprochene fall nicht vereinzelt.[3] Die entdeckungs-

[1] D. h. bronce zu verfertigen.
[2] Geijers schwedische geschichte (in Lefflers deutscher übersetzung 1832, bd. I s. 109), offenbar die oben angeführte stelle excerpierend, sagt dasselbe in 4 zeilen.
[3] Eine derbe probe dieser cameraderie ist die note 9 (zum eisenalter) p. 48 im katalog des Kopenhagener museums für nordische altertümer, woselbst bei der deutung der horninschrift (ek hlewagasti^r holtinga^{s}r horna tawido) nicht Bugge citiert wird, sondern ein Däne, und somit einem sowol in Dänemark als in Norwegen öffentlich gerügten attentate gegen das volle, exclusive eigentumsrecht Bugges (an diese deutung, somit an die darin enthaltenen lehren, dass eine gewisse rune ein s oder r finale sei, dass die „thematischen" vocale a, i, u auch in nominativen erhalten seien, usw., endlich an die einfache übertragung dieser lehren auf die andern inschriften) in arger weise

manie in verbindung mit der kameraderie möchte leicht in verführung geleitet haben. Fast möchte man einen verdacht hegen, dass etwaige gewissensscrupel mit der leichtsinnigen bemerkung seien beschwichtigt worden, Vedel Simonsen spreche ja von einem „kupferalter," Thomsen von einem „broncealter!"

2. Einige monate, nachdem meine abhandlung an die redaction gesant war, hielt Worsaae einen (aus zeitungsreferaten bekanten) vortrag, der es als möglich oder wahrscheinlich bezeichnete, dass diejenigen „bracteaten," auf denen man einen mann (oder kopf) mit einem vogel, oder mit einem vierfüssigen tiere, oft mit beiden, sieht, auf die Sigfridsage zu beziehen wären, womit nach Worsaaes (in den zeitungen referierten) worten die existenz der „Eddalieder" schon im „mittleren eisenalter" gesichert werden würde.[1] Ich werde auf Worsaaes vermutung zurückkommen können, falls dieselbe in gedruckter darstellung erscheinen wird. Hier will ich nur ein par kurze bemerkungen geben, indem ich daran erinnere, dass ich es nur für unwahrscheinlich, nicht für völlig unmöglich halte, dass die Nibelungensage schon vor dem ausgang des vermeintlich „mittleren eisenalters" nach dem norden hätte gelangen können. Ich habe die abbildungen der bracteaten im *Atlas de l'archéologie du Nord*[2] nachgesehen, und meine, mich überzeugt zu haben, dass dieselben keine solche beziehung erweisen, wie es ja überhaupt unmöglich wäre, in dem manne der bilder eben den Sigfrid nur mittelst eines vogels, eines pferdes oder eines drachens zu erkennen.[3] Specieller ist zu bemerken: 1) Der vogel oder die vögel der bildchen sitzen nie, wie in der Sigfridsage, auf einem baume, sondern schweben über dem manne, oder sitzen auf ihm oder dem (vermeintlichen) pferde;

---

vorschub geleistet wird. — Bugge veröffentlichte seine deutung, mit vorbehalt weiterer anwendung, 1865 in der *Tidskrift for Philologi og Pædagogik*. Die bewahrung der (vermeintlichen) „thematischen" und anderer im nordischen weggefallenen vocale hatte übrigens schon Munch so ziemlich ebenso gelehrt, nur dass er andere casus statt der nominative erhielt, welche Bugge mittelst des *s* (oder *r*) finale erhält. Es versteht sich von selbst, dass die ganz einfache, mechanische übertragung dieses finalen buchstaben auf andere inschriften (z. b. Tune, Tanum, Warnum, Berga usw.) Bugges eigentum ist (vgl. meine note in *Aarböger for nordisk Oldkyndighed og Historie*, 1867, p. 275).

1) K. Maurers jüngster (meiner ansicht so günstiger) beitrag zu dieser zeitschrift accentuiert solcherweise die sonderung der frage nach dem alter der vorliegenden lieder von derjenigen nach dem alter der sage im norden, dass nunmehr sogar dänische gelehrte diese beiden fragen schwerlich öfter identificieren werden.

2) Die mit inschriften sind auch im Stephensschen runenwerke abgebildet.

3) Die isländische, im Kopenhagener museum bewahrte abbildung Theodorichs stellt diesen zu pferde dar, von einem vogel begleitet, und einen drachen erlegend.

2) nirgends durchbohrt ein mann einen „wurm" (*ormr*) von unten, wogegen auf vielen bracteaten ein unbewaffneter mann ein vierfüssiges tier vor sich hat, das er abzurichten scheint, wobei er oft demselben oder einem vogel ein signal durch emporhalten der hand gibt, auf einem bildchen (no. 85) auch zugleich den daumen in den mund zu stecken scheint, welches letztere auf die erzählung vom braten des herzens des wurmes zu beziehen das bild selbst verbietet; 3) wo ein mann oder manneskopf auf einem vierfüssigen tiere abgebildet wird, kann dies tier gewöhnlich nicht einmal ein pferd sein, wegen der hörner, oder des bartes, oder der schlangenförmigen zunge, oder der gespaltenen füsse;[1] 4) wo wir einen kampf mit einem vierfüssigen tiere sehen (no. 73), also doch am ehesten etwas specieller zutreffendes zu suchen hätten, passt die darstellung durchaus nicht zu unserer sage, geschweige denn wo der kämpfende es mit zwei tieren zu tun hat (no. 87). — Ich bin an die voreiligen entdeckungen Worsaaes so gewöhnt, dass ich mich kaum zu bedenken hätte, schon jetzt die beziehung auf den Sigfrid für gänzlich aus der luft gegriffen zu erklären; indessen, ich könte ja später diese erklärung modificieren, falls tatsachen, die ich nicht bemerkt hätte, aufgewiesen würden. — Am ehesten könte ich es noch begreifen, falls man in no. 69 — 72 des *Atlas* beziehungen auf die Wielandsage vermuten wollte. Aber sogar dies fällt bei genauerer besichtigung zusammen. — Dass die bracteaten nicht auch dem „jüngeren eisenalter" angehören, wird man nicht beweisen können. Und somit käme es bei den einzelnen bracteaten darauf an, (nicht nur den entstehungsort, sondern auch) das alter speciel zu bestimmen, eine oft ganz unlösbare aufgabe.

3. Zu s. 16. Nach J. Fritzner wäre der name Brede, als neutral, daselbst zu streichen. Fritzner bemerkt in einem neulich erschienenen aufsatze, welcher im zweiten heft des ersten jahrganges der norwegischen historischen zeitschrift s. 179 — 86 gedruckt ist:[2]

a) dass dieser name, Brede, im östlichen Norwegen gebräuchlich sei. — Hiebei wäre indessen noch zu erinnern, dass, falls die daselbst übliche form wirklich genau *Brede* ist, solches den namen wol eben als einen eingeführten charakterisieren würde, indem die lautverhältnisse

---

[1] Das tier mit gespaltenen füssen ist auch auf schwedischen runensteinen nicht unhäufig; die no. 78 in Dybecks (jüngerem) runenwerke (I) erweist schlagend, dass es kein pferd ist, indem daselbst ein pferd nebenbei dargestellt ist. Wahrscheinlich haben wir an ein imaginäres tier zu denken; nicht aber an das pferd Odins, wie man gelegentlich vermutet hat; denn dies dachte man sich als ein achtbeiniges (siehe das bild in Stephens runenwerk p. 224?)

[2] „*Bevise Navnene i de nordiske Völsungasagn, at disse ere laante fra Tydskerne?*"

jetziger norwegischer dialecte entweder ein *Bre'e* (*Bræ'e*) oder ein *Bride* erwarten liessen.

Sonst enthält Fritzners aufsatz nichts, das irgend welche modification meiner bezüglichen bemerkungen veranlassen könte. Fritzners bemerkungen zu gunsten nordischen charakters der sage sind nämlich ferner folgende:

b) der name **Sigge** sei in Schweden üblich gewesen. — Eben deswegen habe ich ihn oben, als einen gewissermassen neutralen, weggelassen, obschon doch zu bemerken bleibt, dass er auf norrönem gebiet nicht üblich war, wie ihn Fritzner denn auch da nur zwei mal aufgefunden hat, das eine mal in einer urkunde (anno 1348) aus *Jamtaland* (welches übrigens in kirchlicher beziehung, und in mehr als einer periode auch in weltlicher, unter Schweden gehörte), das andere mal im namen eines hofes in Norwegen: *Siggagarðr*.

c) **Völsungr** sei keine unnordische wortform. — Versteht sich; ist wol auch von niemand behauptet worden. Gewöhnlich wurden ja fremde germanische namen in der isländischen litteratur eben in die correcte norröne form umgesetzt.

d) **Sinfjötli** komme einmal in einer urkunde des mittelalters als name eines Norwegers vor. — Es stellt sich dies ähnlicher weise wie das einzelne male vorkommende aber dennoch als unüblich zu bezeichnende *Sigfröðr* (nachahmung des deutschen namens *Sigfrid*).

e) **Sigurðr** sei keine unnordische form. — Versteht sich. Fritzner hat nicht bemerkt, dass das linguistische indicium hier eben in der divergenz der beiden namen *Sigurðr* und *Sigfrid* liegt (vgl. oben s. 17).

f) **Gjúkasteinn** komme als name eines hofes in Norwegen vor (jetzt *Gjösteen*). — Da die form des namens *Gjúki* nicht unnordisch ist, würde dieser name in der vorliegenden frage nur dann nicht neutral bleiben, wenn er entweder in Deutschland (in der form *Gibich*) oder im norden üblich gewesen wäre. Meines wissens war er sowol im norden als in Deutschland unüblich.[1] Das blosse *Gjúkasteinn*, eben wie *Gibichenstein*, beweist nur bekantschaft mit der sage, ein verhältnis, das keiner beweise bedarf, da wir ja eben die Eddalieder als hinlänglichen beweis vor uns haben.

g) **Erpr** sei keine unbedingt unnordische form, sondern im vergleich mit *jarpr* nur ein wenig auffällig; komme auch ein par mal als mannsname vor. — Dies verhält sich so; weshalb ich auch die form *Erpr*

---

[1] Förstemann, altdeutsches namenbuch (Nordhausen 1856) 1, 450 gibt fast ein dutzend belege für das vorkommen des eigennamens **Gibico** bis zum 10. jahrhundert.   Red.

oben nur als eine verdächtige, nicht als eine entscheidende bezeichnet habe.

h) Jónakr könne wol trotz der unerhörten endung -*akr* eine nordische form sein. — Ich kann dies nicht einräumen, und betrachte das *Jónakr*, sowol wegen des -*akr* als wegen des *Jón*-, als eine unnordische form.

i) Der name eines hofes in Norwegen, Nevlungen, beweise vielleicht verbreitung der sage, indem die ältere form *Niflungar* werde gewesen sein, und dieses erst name einiger „scheren" (klippen) im meere, hernach auch des ihnen gegenüber aufgeführten hofes sei. — Das klingt sehr plausibel, würde aber nur verbreitung der sage, nichts über deren ursprüngliche heimat beweisen.

j) Im namen eines hofes in Norwegen, Húnaborg, „könne man spur des einflusses der Nibelungensagen zu finden glauben." — Die bescheidene und hypothetische form dieser bemerkung ist zu loben, indem der name auch nur Bärenburg bedeuten könte, und überhaupt die vielen germanischen ortsnamen mit *Hün*-, *Haun*-, *Hün*- usw., nicht speciel auf die Nibelungensage zu beziehen sind, dieses *Húnaborg* eben so wenig wie die isländischen meeresbuchten *Húnaflói* und *Húnafjörðr*, oder wie das dänische kirchspiel *Huncsogn*, die dänischen dorfnamen *Huneby*, *Hunetorp*, die deutschen *Haundorf*, *Haunstadt*, *Haunstetten*, *Hünfeld*, *Hünenberg* usw. Nicht einmal zu erwähnen, dass ein name wie *Húnaborg* uns nichts über die erste heimat der sage lehren könte.[1]

Fritzner meint ausserdem in dem norwegischen ortsnamen *Róðmarsstaðir* verglichen mit dem *Hróðmarr* der *Helgakviða Hjörvarðssonar* ein indicium der norrönen heimat der Nibelungensagen gefunden zu haben. Bei den übrigen in dieser bemerkung implicierten fehlschlüssen brauche ich aber nicht zu verweilen, da dieses lied ja gar nicht zu den Nibelungenliedern gehört, sondern eine norröne sage behandelt.

KOPENHAGEN. E. JESSEN.

[1] Eine ansprechende etymologie und erklärung von *hún* und den damit zusammengesetzten namen gibt Gerland in Kuhns zeitschrift für vergleichende sprachforschung 10, 275 fgg. Red.